PROCESSAMENTO DE SALÁRIOS

PROCESSAMENTO DE SALÁRIOS

Enquadramento Legal, Contributivo e Fiscal. Tratamento Contabilístico. Resolução de Casos Práticos

José Joaquim Ribeiro da Silva

ALMEDINA

TÍTULO ORIGINAL:
Processamento de Salários. Enquadramento Legal, Contributivo e Fiscal. Tratamento Contabilístico. Resolução de Casos Práticos

AUTOR
José Joaquim Ribeiro da Silva

EDITOR
EDIÇÕES ALMEDINA, S.A.
Avenida Emídio Navarro, 81, 3D – 3000-151 Coimbra
Tel.: 239 851 904 • Fax: 239 851 901
www.almedina.net • editora@almedina.net

REVISÃO
Maria Lobo

CAPA
Edições Almedina

PAGINAÇÃO
Aresta Criativa – Artes Gráficas

IMPRESSÃO E ACABAMENTO
????????
junho 2023

Depósito Legal
???????

ISBN
978-989-40-1333-4

ÍNDICE

NOTA INTRODUTÓRIA

O processamento dos salários deve merecer uma atenção especial no que à formação dos recursos humanos incumbidos dessa função diz respeito, não só pela importância que representa para o salutar funcionamento de uma organização, seja ela empresa (de qualquer dimensão) ou outra entidade, mas também pela relevância que muitas vezes tem nos seus processos administrativos e contabilísticos, especialmente em empresas com assinalável número de postos de trabalho e geradoras de emprego.

Sem um processamento salarial organizado e atempado, em que se procure evitar as falhas, os erros e as ineficiências ao longo do processo, não é possível o pagamento tempestivo das retribuições laborais, o que irá colocar em causa a harmonia no seio dos colaboradores de uma organização, com o consequente impacto negativo que se fará sentir no seu funcionamento e estabilidade.

Estes motivos justificaram o escopo da criação desta obra, que procurou ser abrangente ao abordar o que parece ser o essencial das matérias relativas ao tema que mais interesse podem ter para a realidade e contexto das empresas portuguesas.

CAPÍTULO I
RETRIBUIÇÃO E OUTRAS PRESTAÇÕES PATRIMONIAIS

SECÇÃO A
PRINCÍPIOS GERAIS

O artigo 258.º do Código do Trabalho (CT) define o que se entende por *retribuição.*

De acordo com aquele preceito legal, considera-se retribuição *a prestação a que, nos termos do contrato, das normas que o regem ou dos usos, o trabalhador tem direito em contrapartida do seu trabalho.*

A retribuição compreende a retribuição base e outras prestações regulares e periódicas feitas, direta ou indiretamente, em dinheiro ou em espécie.

Presume-se constituir retribuição qualquer prestação do empregador ao trabalhador.

À prestação qualificada como retribuição é aplicável o correspondente regime de garantias previsto no Código do Trabalho.

SECÇÃO B
PRESTAÇÕES INCLUÍDAS OU EXCLUÍDAS DA RETRIBUIÇÃO

Por outro lado, o artigo 260.º do CT diz-nos *o que não é considerado retribuição.*

A saber:

1. As importâncias recebidas a título de ajudas de custo, abonos de viagem, despesas de transporte, abonos de instalação e outras equivalentes, devidas ao trabalhador por deslocações, novas instalações ou despesas feitas em serviço do empregador, salvo quando, sendo tais deslocações ou despesas frequentes, essas importâncias, na parte que exceda os respetivos montantes normais, tenham sido previstas no contrato ou se devam considerar pelos usos como elemento integrante da retribuição do trabalhador.

O que se dispõe no ponto anterior é aplicável, com as necessárias adaptações, ao abono para falhas e ao subsídio de refeição.

2. As gratificações ou prestações extraordinárias concedidas pelo empregador como recompensa ou prémio dos bons resultados obtidos pela empresa;
3. As prestações decorrentes de factos relacionados com o desempenho ou mérito profissionais, bem como a assiduidade do trabalhador, cujo pagamento, nos períodos de referência respetivos, não esteja antecipadamente garantido.

O disposto nos dois pontos anteriores não é aplicável:

- Às gratificações que sejam devidas por força do contrato ou das normas que o regem, ainda que a sua atribuição esteja condicionada aos bons serviços do trabalhador, nem àquelas que, pela sua importância e carácter regular e permanente, devam, segundo os usos, considerar-se como elemento integrante da sua retribuição;
- Às prestações relacionadas com os resultados obtidos pela empresa quando, quer no respetivo título atributivo quer pela sua atribuição regular e permanente, revistam carácter estável, independentemente da variabilidade do seu montante.

4. *Não é, igualmente, considerada retribuição* a participação nos lucros da empresa, desde que ao trabalhador esteja assegurada pelo contrato uma retribuição certa, variável ou mista, adequada ao seu trabalho.

SECÇÃO C

MODALIDADES DE RETRIBUIÇÃO

Já de acordo com o artigo 261.º do referido código, a *retribuição* pode ser *certa, variável* ou *mista,* sendo esta última constituída por uma parte certa e outra variável.

É certa a retribuição calculada em função de tempo de trabalho.

Para que possamos determinar o valor da *retribuição variável,* quando não seja aplicável o respetivo critério, considera-se a média dos montantes das prestações correspondentes aos últimos 12 meses, ou ao tempo de execução do contrato, quando este tenha durado menos tempo.

Caso não seja praticável o processo estabelecido no parágrafo anterior, o cálculo da retribuição variável faz-se segundo o disposto em instrumento de regulamentação coletiva de trabalho ou, na sua inexistência, segundo o prudente arbítrio do julgador.

SECÇÃO D

CÁLCULO DE PRESTAÇÃO COMPLEMENTAR OU ACESSÓRIA

Sempre que seja necessário o cálculo de prestação complementar ou acessória, há que ter em atenção o disposto no artigo 262.º do Código do Trabalho. De acordo com aquele preceito legal:

Caso disposição legal, convencional ou contratual não disponha em contrário, a base de cálculo de *prestação complementar ou acessória* é constituída pela *retribuição base* e por *diuturnidades.*

Para efeito do que dispõe o parágrafo anterior, entende-se por:

- **Retribuição base**, a prestação correspondente à atividade do trabalhador no período normal de trabalho;
- **Diuturnidade**, a prestação de natureza retributiva a que o trabalhador tenha direito com fundamento na antiguidade.

SECÇÃO E

SUBSÍDIO DE NATAL

O trabalhador tem direito a *subsídio de Natal*[1] de valor igual a um mês de retribuição, que deve ser pago até 15 de dezembro de cada ano.

O valor do subsídio de Natal é proporcional ao tempo de serviço prestado no ano civil, nas seguintes situações:

- No ano de admissão do trabalhador;
- No ano de cessação do contrato de trabalho;
- Em caso de suspensão de contrato de trabalho por facto respeitante ao trabalhador.

---

[1] *Vide* art.º 263.º do CT.

SECÇÃO F

RETRIBUIÇÃO DO PERÍODO DE FÉRIAS E SUBSÍDIO[2]

A *retribuição do período de férias* corresponde à que o trabalhador receberia se estivesse em serviço efetivo. Além desta retribuição, o trabalhador tem direito a *subsídio de férias*, que compreende a retribuição base e outras prestações retributivas que sejam contrapartida do modo específico da execução do trabalho, correspondentes à duração mínima das férias.

- Salvo acordo escrito em contrário, *o subsídio de férias deve ser pago antes do início do período de férias e proporcionalmente, em caso de gozo interpolado de férias.*

SECÇÃO G

RETRIBUIÇÃO POR ISENÇÃO DE HORÁRIO DE TRABALHO

O trabalhador *isento de horário de trabalho* tem direito a *retribuição específica*[3], estabelecida por instrumento de regulamentação coletiva de trabalho ou, na falta deste, não inferior a:

- Uma hora de trabalho suplementar por dia;
- Duas horas de trabalho suplementar por semana, quando se trate de regime de isenção de horário com observância do período normal de trabalho.

O trabalhador que exerça cargo de administração ou de direção pode renunciar à retribuição por isenção de horário de trabalho.

[2] A este propósito consultar o art.º 264.º do CT.

[3] Conforme disposto nos n.ºs 1 e 2 do art.º 265 do CT.

SECÇÃO H

RETRIBUIÇÃO PELO TRABALHO NOTURNO

A) NOÇÃO DE TRABALHO NOTURNO[4]

Para efeitos de definição do que se entende por *trabalho noturno*, o Código do Trabalho fixa como critérios gerais, os seguintes:

i) O trabalho ser *prestado num período que tenha a duração mínima de sete horas e máxima de 11 horas*, e
ii) *Esse período conter o intervalo entre as 0 e as 5 horas.*

No entanto, o período de trabalho noturno pode ser determinado por instrumento de regulamentação coletiva de trabalho, com observância do disposto no parágrafo anterior. Na falta daquela determinação, considera-se como tal *o compreendido entre as 22 horas de um dia e as 7 horas do dia seguinte.*

B) PAGAMENTO DE TRABALHO NOTURNO[5]

O *trabalho noturno* é pago *com acréscimo de 25%* relativamente ao pagamento de *trabalho equivalente prestado durante o dia.*

O disposto no parágrafo anterior não se aplica, salvo se previsto em instrumento de regulamentação coletiva de trabalho:

- Em atividade exercida exclusiva ou predominantemente durante o período noturno, designadamente espetáculo ou diversão pública;
- Em atividade que, pela sua natureza ou por força da lei, deva funcionar à disposição do público durante o período noturno, designadamente empreendimento turístico, estabelecimento de restauração ou de bebidas, ou farmácia, em período de abertura;
- Quando a retribuição seja estabelecida atendendo à circunstância de o trabalho dever ser prestado em período noturno.

---

[4] *Vide* art.º 223.º do CT.

[5] A este propósito consultar o art.º 266.º do CT.

- O acréscimo de 25% atrás referido pode ser substituído, mediante instrumento de regulamentação coletiva de trabalho, por:

  - Redução equivalente do período normal de trabalho;
  - Aumento fixo da retribuição base, desde que não importe tratamento menos favorável para o trabalhador.

SECÇÃO I

RETRIBUIÇÃO POR EXERCÍCIO DE FUNÇÕES AFINS OU FUNCIONALMENTE LIGADAS

O trabalhador que exerça funções, ainda que a título acessório, que sejam afins ou funcionalmente ligadas à atividade contratada, para as quais tenha qualificação adequada e que não impliquem desvalorização profissional (possibilidade esta prevista no n.º 2 do artigo 118.º do Código do Trabalho), tem direito à retribuição mais elevada que lhes corresponda, enquanto tal exercício se mantiver.

SECÇÃO J

RETRIBUIÇÃO PELO TRABALHO SUPLEMENTAR

A) NOÇÃO DE TRABALHO SUPLEMENTAR[6]

Considera-se *trabalho suplementar* o *prestado fora do horário de trabalho.*

No caso em que o acordo sobre isenção de horário de trabalho tenha limitado a prestação deste a um determinado período de trabalho, diário ou semanal, considera-se trabalho suplementar o que exceda esse período.

Não se compreende na noção de trabalho suplementar:

- O prestado por trabalhador isento de horário de trabalho em dia normal de trabalho, sem prejuízo do disposto no parágrafo anterior;
- O prestado para compensar suspensão de atividade, independentemente da sua causa, de duração não superior a 48 horas, seguidas ou interpoladas

[6] Art.º 226.º do CT.

por um dia de descanso ou feriado, mediante acordo entre o empregador e o trabalhador;

- A tolerância de 15 minutos para transações, operações ou outras tarefas começadas e não acabadas na hora estabelecida para o termo do período normal de trabalho diário (tal como previsto no n.º 3 do artigo 203.º do CT);
- A formação profissional realizada fora do horário de trabalho que não exceda duas horas diárias;
- O trabalho prestado em acréscimo ao período normal em substituição da perda de retribuição por motivo de faltas, dentro dos limites previstos no artigo 204.º do CT (adaptabilidade do período normal de trabalho por regulamentação coletiva), quando o instrumento de regulamentação coletiva de trabalho o permita — alínea b) do n.º 1 do artigo 257.º do CT;
- O trabalho prestado para compensação de períodos de ausência ao trabalho, efetuada por iniciativa do trabalhador, desde que uma e outra tenham o acordo do empregador, não podendo esse trabalho prestado para compensação exceder os limites diários definidos no n.º 1 do artigo 228.º do CT;
- O trabalho prestado para compensar o encerramento, total ou parcial, de empresa ou estabelecimento, por decisão do empregador e para férias dos trabalhadores, num dia que esteja entre um feriado que ocorra à terça-feira ou quinta-feira e um dia de descanso semanal.

B) REGISTO DE TRABALHO SUPLEMENTAR[7]

I) O empregador deve ter um registo de trabalho suplementar em que, antes do início da prestação de trabalho suplementar e logo após o seu termo, são anotadas as horas em que cada uma das situações ocorre;

II) O trabalhador deve visar o registo a que se refere o parágrafo anterior, quando não seja por si efetuado, imediatamente a seguir à prestação de trabalho suplementar;

III) O trabalhador que realize trabalho suplementar no exterior da empresa deve visar o registo, imediatamente após o seu regresso à empresa ou mediante envio

[7] Art.º 231.º do CT.

do mesmo devidamente visado, devendo, em qualquer caso, a empresa dispor do registo visado no prazo de 15 dias a contar da prestação;

IV) Do registo devem constar:

- A indicação expressa do fundamento da prestação de trabalho suplementar;
- Os períodos de descanso compensatório gozados pelo trabalhador;
- Outros elementos indicados no respetivo modelo, aprovado por portaria do ministro responsável pela área laboral.

A violação do disposto nas subalíneas I), II), III) e IV), atrás expostas, confere ao trabalhador, por cada dia em que tenha prestado atividade fora do horário de trabalho, o direito a retribuição correspondente a duas horas de trabalho suplementar.

O registo de trabalho suplementar é efetuado em suporte documental adequado, nomeadamente impressos adaptados ao sistema de controlo de assiduidade existente na empresa, que permita a sua consulta e a sua impressão imediatas, devendo estar permanentemente atualizado, sem emendas ou rasuras não ressalvadas.

O empregador deve comunicar, nos termos previstos em portaria do ministro responsável pela área laboral, ao serviço com competência inspetiva do ministério da tutela, a relação nominal dos trabalhadores que prestaram trabalho suplementar durante o ano civil anterior, com discriminação do número de horas prestadas ao abrigo dos n.os 1 ou 2 do artigo 227.º do Código do Trabalho, visada pela comissão de trabalhadores ou, na sua falta, em caso de trabalhador filiado, pelo respetivo sindicato.

Transcreve-se, de seguida, o excerto em questão do artigo 227.º do CT:

Artigo 227.º

Condições de prestação de trabalho suplementar

1 O trabalho suplementar só pode ser prestado quando a empresa tenha de fazer face a acréscimo eventual e transitório de trabalho e não se justifique para tal a admissão de trabalhador.

2 O trabalho suplementar pode ainda ser prestado em caso de força maior ou quando seja indispensável para prevenir ou reparar prejuízo grave para a empresa ou para a sua viabilidade.

3 ...

4 ...

O empregador deve manter, durante cinco anos, relação nominal dos trabalhadores que efetuaram trabalho suplementar, com discriminação do número de horas prestadas ao abrigo dos n.os 1 e 2 do artigo 228.º do Código do Trabalho e indicação dos dias de gozo dos correspondentes descansos compensatórios.

É transcrito, de seguida, o excerto em questão do artigo 228.º do CT:

Artigo 228.º
Limites de duração do trabalho suplementar

1 O trabalho suplementar previsto no n.º 1 do artigo anterior está sujeito, por trabalhador, aos seguintes limites:

a) No caso de microempresa ou pequena empresa, cento e setenta e cinco horas por ano;

b) No caso de média ou grande empresa, cento e cinquenta horas por ano;

c) No caso de trabalhador a tempo parcial, oitenta horas por ano ou o número de horas correspondente à proporção entre o respectivo período normal de trabalho e o de trabalhador a tempo completo em situação comparável, quando superior;

d) Em dia normal de trabalho, duas horas;

e) Em dia de descanso semanal, obrigatório ou complementar, ou feriado, um número de horas igual ao período normal de trabalho diário;

f) Em meio dia de descanso complementar, um número de horas igual a meio período normal de trabalho diário.

2 O limite a que se refere a alínea a) ou b) do número anterior pode ser aumentado até duzentas horas por ano, por instrumento de regulamentação colectiva de trabalho.

3 …

4 …

5 …

C) PAGAMENTO DE TRABALHO SUPLEMENTAR[8]

O *trabalho suplementar até 100 horas anuais* é pago pelo *valor da retribuição horária com os seguintes acréscimos*:

[8] Art.º 268.º do CT.

- *25%* pela *primeira hora ou fração desta* e *37,5%* por *hora ou fração subsequente*, em *dia útil*;
- *50%* por *cada hora ou fração*, em *dia de descanso semanal, obrigatório ou complementar, ou em feriado.*

O *trabalho suplementar superior a 100 horas anuais* é pago pelo *valor da retribuição horária com os seguintes acréscimos*:

- *50%* pela *primeira hora ou fração desta* e *75%* por *hora ou fração subsequente*, em *dia útil*;
- *100%* por *cada hora ou fração*, em *dia de descanso semanal, obrigatório ou complementar, ou em feriado.*

Caso o instrumento de regulamentação coletiva de trabalho disponha em sentido mais favorável aos trabalhadores relativamente a esta matéria — pagamento de trabalho suplementar — prevalecerão as suas disposições. É o caso em que são definidos por IRCT acréscimos ao valor da retribuição horária superiores aos atrás fixados (no âmbito do Código do Trabalho).

É exigível o pagamento de trabalho suplementar cuja prestação tenha sido prévia e expressamente determinada, ou realizada de modo a não ser previsível a oposição do empregador.[9]

O valor da retribuição horária é calculado segundo a seguinte fórmula:

$$(Rm \times 12) : (52 \times n)$$

[9] A título de exemplo, consideremos um trabalhador com um ordenado mensal de 1000,00€ e que, num dia útil, prestou duas horas consecutivas de trabalho suplementar, a 2.ª das quais em período noturno. Até à data, o trabalho suplementar prestado pelo trabalhador no ano em questão encontrava-se abaixo das 100 horas. Assim, o valor a ser-lhe pago pelo trabalho suplementar prestado será calculado da seguinte forma: *Valor da 1.ª hora* = [(1000,00 × 12) / (40 × 52)] × 1,25 = *7,21€* / *Valor da 2.ª hora* = [(1000,00 × 12) / (40 × 52)] × 1,375 × 1,25 = *9,92€*

Sendo:

Rm = valor da retribuição mensal
n = período normal de trabalho semanal, definido em termos médios em caso de adaptabilidade

SECÇÃO K

RETRIBUIÇÃO PELO TRABALHO POR TURNOS

A) NOÇÃO DE TRABALHO POR TURNOS

Considera-se *trabalho por turnos*[10] qualquer organização do trabalho em equipa em que os trabalhadores ocupam sucessivamente os mesmos postos de trabalho, a um determinado ritmo, incluindo o rotativo, contínuo ou descontínuo, podendo executar o trabalho a horas diferentes num dado período de dias ou semanas.

B) ORGANIZAÇÃO DE TURNOS

- Devem ser organizados turnos de pessoal diferente sempre que o período de funcionamento ultrapasse os limites máximos do período normal de trabalho;
- Os turnos devem, na medida do possível, ser organizados de acordo com os interesses e as preferências manifestados pelos trabalhadores;
- A duração de trabalho de cada turno não pode ultrapassar os limites máximos dos períodos normais de trabalho;
- O trabalhador só pode mudar de turno após o dia de descanso semanal;
- Os turnos no regime de laboração contínua e os de trabalhadores que asseguram serviços que não podem ser interrompidos, nomeadamente nas situações abaixo elencadas (*), devem ser organizados de modo que os trabalhadores de cada turno gozem, pelo menos, um dia de descanso em cada período de sete dias, sem prejuízo do período excedente de descanso a que tenham direito.

---

[10] Definição que nos é dada pelo art.º 220.º do CT.

(*) Elencando as situações a que se refere o parágrafo anterior:

- Atividade de segurança e vigilância de pessoas ou bens com carácter de permanência, designadamente de guarda, porteiro ou trabalhador de empresa de segurança ou vigilância;
- Atividade de receção, tratamento ou cuidados providenciados por hospital ou estabelecimento semelhante, incluindo a atividade de médico em formação, ou por instituição residencial ou prisão;
- Porto ou aeroporto;
- Imprensa, rádio, televisão, produção cinematográfica, correios, telecomunicações, serviço de ambulâncias, bombeiros sapadores ou proteção civil;
- Produção, transporte ou distribuição de gás, água, eletricidade, recolha de lixo ou instalações de incineração;
- Indústria cujo processo de trabalho não possa ser interrompido por motivos técnicos;
- Investigação e desenvolvimento;
- Agricultura;
- Transporte de passageiros em serviço regular de transporte urbano;

- O empregador deve ter registo separado dos trabalhadores incluídos em cada turno.

C) PAGAMENTO DO SUBSÍDIO DE TURNO

O *suplemento remuneratório de turno*[11] — previsto atualmente pela *Lei Geral do Trabalho em Funções Públicas* para os trabalhadores em funções públicas — constitui um suplemento remuneratório cuja génese data já de há algumas décadas, embora sob designação diferente, mas cuja razão e características se mantêm no essencial.

Este tipo de retribuição foi sendo adotado pelo setor privado, designadamente em sede de contratação coletiva, como complemento ao salário designado geralmente por *subsídio de turno* e que visa remunerar o *trabalho por turnos*. Trata-se de

[11] Previsto no art.º 161.º da Lei n.º 35/2014, de 20 de junho (Lei Geral do Trabalho em Funções Públicas)

um acréscimo ao vencimento determinado por instrumento de regulamentação coletiva de trabalho (definido em Contrato Coletivo de Trabalho), e, como tal, pode apresentar ligeiras variantes nos critérios para a sua atribuição e cálculo, dependentes do setor de atividade em que a empresa se insere e do CCT que lhe é aplicável. No entanto, as características que lhe subjazem e os critérios para atribuição e cálculo são, no essencial, os mesmos, qualquer que seja o CCT que os preveja.

Transcreve-se, de seguida, como complemento, o artigo 161.º da Lei n.º 35/2014, de 20 de junho:

LEI GERAL DO TRABALHO EM FUNÇÕES PÚBLICAS
Lei n.º 35/2014, de 20 de junho

Artigo 161.º
Suplemento remuneratório de turno

1 Desde que um dos turnos seja total ou parcialmente coincidente com o período de trabalho noturno, os trabalhadores por turnos têm direito a um acréscimo remuneratório cujo montante varia em função do número de turnos adotado, bem como da natureza permanente ou não do funcionamento do serviços.

2 O acréscimo referido no número anterior, relativamente à remuneração base, varia entre:

a) 25% a 22%, quando o regime de turnos for permanente, total ou parcial;

b) 22% a 20%, quando o regime de turnos for semanal prolongado, total ou parcial;

c) 20% a 15%, quando o regime de turnos for semanal total ou parcial.

3 A fixação das percentagens, nos termos do número anterior, tem lugar em regulamento interno ou em instrumento de regulamentação coletiva de trabalho.

4 O acréscimo remuneratório inclui o que fosse devido por trabalho noturno, mas não afasta a remuneração por trabalho suplementar.

SECÇÃO L

PRESTAÇÕES RELATIVAS A DIA FERIADO[12]

O trabalhador tem direito à retribuição correspondente a feriado, não podendo o empregador compensá-la com trabalho suplementar.

O trabalhador *que presta trabalho normal em dia feriado* em empresa não obrigada a suspender o funcionamento nesse dia *tem direito a descanso compensatório* com *duração de metade do número de horas prestadas* ou *a acréscimo de 50% da retribuição correspondente*, cabendo a escolha ao empregador.

SECÇÃO M

CUMPRIMENTO DE OBRIGAÇÃO DE RETRIBUIÇÃO

COMPENSAÇÕES E DESCONTOS

Na pendência de contrato de trabalho, o empregador não pode compensar a retribuição em dívida com crédito que tenha sobre o trabalhador, nem fazer desconto ou dedução no montante daquela.

No entanto, o que acima se dispõe *não se aplica*:

1 A desconto a favor do Estado, da segurança social ou outra entidade, ordenado por lei, decisão judicial transitada em julgado ou auto de conciliação, quando o empregador tenha sido notificado da decisão ou do auto;
2 A indemnização devida pelo trabalhador ao empregador, liquidada por decisão judicial transitada em julgado ou auto de conciliação;
3 À sanção pecuniária, quando aplicada pelo empregador como sanção no exercício do poder disciplinar [alínea c) do n.º 1 do artigo 328.º do Código do Trabalho];
4 A amortização de capital ou pagamento de juros de empréstimo concedido pelo empregador ao trabalhador;
5 A preço de refeições no local de trabalho, de utilização de telefone, de fornecimento de géneros, de combustíveis ou materiais, quando solicitados pelo

---

[12] *Vide* art.º 269.º do CT.

trabalhador, ou outra despesa efetuada pelo empregador por conta do trabalhador com o acordo deste;

6 A abono ou adiantamento por conta da retribuição.

Os descontos atrás referidos, com exceção do mencionado no ponto 1, não podem exceder, no seu conjunto, um sexto da retribuição.

Os preços de refeições ou outros bens fornecidos ao trabalhador por cooperativa de consumo, mediante acordo entre esta e o trabalhador, não estão sujeitos ao limite mencionado no parágrafo anterior.

CAPÍTULO II
HORÁRIO DE TRABALHO

SECÇÃO A
ELABORAÇÃO DE HORÁRIO DE TRABALHO

Compete ao empregador determinar o horário de trabalho do trabalhador, dentro dos limites da lei, designadamente do regime de período de funcionamento aplicável.[13]

Na elaboração do horário de trabalho, o empregador deve:

- Ter prioritariamente em consideração as exigências de proteção da segurança e saúde do trabalhador;
- Facilitar ao trabalhador a conciliação da atividade profissional com a vida familiar;
- Facilitar ao trabalhador a frequência de curso escolar, bem como de formação técnica ou profissional.

A comissão de trabalhadores ou, na sua falta, as comissões intersindicais, as comissões sindicais ou os delegados sindicais devem ser consultados previamente sobre a definição e a organização dos horários de trabalho.

SECÇÃO B
INTERVALO DE DESCANSO

O *período de trabalho diário* deve ser interrompido por um *intervalo de descanso,* de duração não inferior a uma hora nem superior a duas, de modo que o trabalhador

[13] Conforme preceituado no n.º 1 do art.º 212.º do CT.

não preste mais de cinco horas de trabalho consecutivo, ou seis horas de trabalho consecutivo caso aquele período seja superior a 10 horas.

Por instrumento de regulamentação coletiva de trabalho, pode ser permitida a prestação de trabalho até seis horas consecutivas e o intervalo de descanso pode ser reduzido, excluído ou ter duração superior à prevista no parágrafo anterior, e pode ser, também, determinada a existência de outros intervalos de descanso.

Compete ao serviço com competência inspetiva do ministério responsável pela área laboral, mediante requerimento do empregador, instruído com declaração escrita de concordância do trabalhador abrangido e informação à comissão de trabalhadores da empresa e ao sindicato representativo do trabalhador em causa, autorizar a redução ou exclusão de intervalo de descanso, quando tal se mostre favorável ao interesse do trabalhador ou se justifique pelas condições particulares de trabalho de certas atividades.

Considera-se tacitamente deferido o requerimento a que se refere o parágrafo anterior que não seja decidido no prazo de 30 dias.

Não é permitida a alteração de intervalo de descanso prevista nos parágrafos anteriores que implique mais de seis horas de trabalho consecutivo, exceto quanto a atividades de pessoal operacional de vigilância, transporte e tratamento de sistemas eletrónicos de segurança e indústrias em que o processo de laboração não possa ser interrompido por motivos técnicos e, bem assim, quanto a trabalhadores que ocupem cargos de administração e de direção e outras pessoas com poder de decisão autónomo que estejam isentos de horário de trabalho.

SECÇÃO C
DESCANSO DIÁRIO

O trabalhador tem direito a um período de descanso de, pelo menos, 11 horas seguidas entre dois períodos diários de trabalho consecutivos.

O disposto no parágrafo anterior *não é aplicável:*

1 A trabalhador que ocupe cargo de administração ou de direção ou com poder de decisão autónomo, que esteja isento de horário de trabalho;
2 Quando seja necessária a prestação de trabalho suplementar, por motivo de força maior, ou por ser indispensável reparar ou prevenir prejuízo grave para a empresa ou para a sua viabilidade devido a acidente ou a risco de acidente iminente;

Em caso previsto nos dois parágrafos anteriores, entre dois períodos diários de trabalho consecutivos deve ser observado um período de descanso que permita a recuperação do trabalhador.

3 Quando o período normal de trabalho seja fracionado ao longo do dia com fundamento em característica da atividade, nomeadamente em serviços de limpeza;

4 Em atividade caracterizada pela necessidade de assegurar a continuidade do serviço ou da produção, nomeadamente:

- Atividade de segurança e vigilância de pessoas ou bens com carácter de permanência, designadamente de guarda, porteiro ou trabalhador de empresa de segurança ou vigilância;
- Atividade de receção, tratamento ou cuidados providenciados por hospital ou estabelecimento semelhante, incluindo a atividade de médico em formação, ou por instituição residencial ou prisão;
- Porto ou aeroporto;
- Imprensa, rádio, televisão, produção cinematográfica, correios, telecomunicações, serviço de ambulâncias, sapadores bombeiros ou proteção civil;
- Produção, transporte ou distribuição de gás, água, eletricidade, recolha de lixo ou instalações de incineração;
- Indústria cujo processo de trabalho não possa ser interrompido por motivos técnicos;
- Investigação e desenvolvimento;
- Agricultura;

5 Em caso de acréscimo previsível de atividade no turismo, desde que instrumento de regulamentação coletiva de trabalho assegure ao trabalhador um período equivalente de descanso compensatório e regule o período em que o mesmo deve ser gozado.

SECÇÃO D

REGISTO DE TEMPOS DE TRABALHO

O empregador deve manter o registo dos tempos de trabalho, incluindo dos trabalhadores que estão isentos de horário de trabalho, em local acessível e por forma a permitir a sua consulta imediata.

O registo deve conter:

- A indicação das *horas de início e de termo do tempo de trabalho;*
- A indicação das *interrupções ou intervalos não compreendidos no tempo de trabalho.*

Os registos acima referidos deverão permitir o apuramento do número de horas de trabalho prestadas por trabalhador, por dia e por semana, bem como as prestadas[14] em acréscimo ao período normal, dentro dos limites previstos no artigo 204.º do Código do Trabalho, para substituição de perda de retribuição por motivo de faltas, quando o instrumento de regulamentação coletiva de trabalho o permita.

Transcrevendo o artigo 204.º do Código do Trabalho:

Artigo 204.º

Adaptabilidade por regulamentação colectiva

1 Por instrumento de regulamentação colectiva de trabalho, o período normal de trabalho pode ser definido em termos médios, caso em que o limite diário estabelecido no n.º 1 do artigo anterior pode ser aumentado até quatro horas e a duração do trabalho semanal pode atingir sessenta horas, só não se contando nestas o trabalho suplementar prestado por motivo de força maior.

2 O período normal de trabalho definido nos termos previstos no número anterior não pode exceder cinquenta horas em média num período de dois meses.

3 Constitui contra-ordenação grave a violação do disposto neste artigo.

O empregador deve assegurar que o trabalhador que preste trabalho no exterior da empresa vise o registo imediatamente após o seu regresso à mesma, ou o envie devidamente visado, de modo que a empresa dele disponha no prazo de 15 dias a contar da prestação.

O empregador deve manter, durante cinco anos:

1 O registo dos tempos de trabalho;

2 A declaração a que se refere o artigo 257.º do CT, na qual o trabalhador comunica expressamente ao empregador a sua renúncia a dias de férias, em

[14] *Vide* a alínea b) do n.º 1 do artigo 257.º do CT.

igual número e em substituição da perda de retribuição por motivo de faltas, até ao permitido pelo n.º 5 do artigo 238.º do CT;

Diz-nos o n.º 5 do artigo 238.º do Código do Trabalho:

Artigo 238.º
Duração do período de férias

1 ...

2 ...

3 ...

4 ...

5 O trabalhador pode renunciar ao gozo de dias de férias que excedam 20 dias úteis, ou a correspondente proporção no caso de férias no ano de admissão, sem redução da retribuição e do subsídio relativos ao período de férias vencido, que cumulam com a retribuição do trabalho prestado nesses dias.

6 ...

3 O acordo [a que se refere a alínea f) do n.º 3 do artigo 226.º do CT] do empregador à ausência ao trabalho, por parte do trabalhador, e ao trabalho que este presta (e que não é considerado trabalho suplementar), por sua iniciativa, para compensação desses períodos de ausência.

CAPÍTULO III
FÉRIAS

SECÇÃO A
O DIREITO A FÉRIAS[15]

Em cada ano civil, o trabalhador tem direito a um *período de férias retribuídas*, que se *vence a 1 de janeiro.*

O direito a férias reporta-se, em regra, ao trabalho prestado no ano civil anterior, mas não está condicionado à assiduidade ou efetividade de serviço.

O direito a férias é irrenunciável e o seu gozo não pode ser substituído, ainda que com o acordo do trabalhador, por qualquer compensação, económica ou outra, sem prejuízo de o trabalhador poder renunciar ao gozo de dias de férias que excedam 20 dias úteis, ou a correspondente proporção no caso de férias no ano de admissão, sem redução da retribuição e do subsídio relativos ao período de férias vencido, que cumulam com a retribuição do trabalho prestado nesses dias.

O direito a férias deve ser exercido de modo a proporcionar ao trabalhador:

- A recuperação física e psíquica;
- Condições de disponibilidade pessoal;
- Integração na vida familiar;
- Participação social e cultural.

[15] Art.º 237.º e Ss do CT.

SECÇÃO B

DURAÇÃO DO PERÍODO DE FÉRIAS

O período anual de férias tem a duração mínima de 22 dias úteis.

Para efeitos de férias, são úteis os dias da semana de segunda-feira a sexta-feira, com exceção de feriados. Caso os dias de descanso do trabalhador coincidam com dias úteis, são considerados para efeitos do cálculo dos dias de férias, em substituição daqueles, os sábados e os domingos que não sejam feriados.

O trabalhador pode renunciar ao gozo de dias de férias que excedam 20 dias úteis, ou a correspondente proporção no caso de férias no ano de admissão, sem redução da retribuição e do subsídio relativos ao período de férias vencido, que cumulam com a retribuição do trabalho prestado nesses dias.

Dada a importância que reveste o gozo de férias, a violação do disposto no primeiro e terceiro parágrafos anteriores (relativos à definição legal da duração do período anual de férias) constitui contraordenação grave.

SECÇÃO C

CASOS ESPECIAIS DE DURAÇÃO DO PERÍODO DE FÉRIAS

No ano da admissão, o trabalhador tem direito a dois dias úteis de férias por cada mês de duração do contrato, até 20 dias, cujo gozo pode ter lugar após seis meses completos de execução do contrato.

No caso de o ano civil terminar antes de decorrido o prazo referido no parágrafo anterior, as férias são gozadas até 30 de junho do ano subsequente.

Da aplicação do disposto nos dois parágrafos anteriores não pode resultar o gozo, no mesmo ano civil, de mais de 30 dias úteis de férias, sem prejuízo do disposto em instrumento de regulamentação coletiva de trabalho.

Nas situações em que a duração do contrato de trabalho é inferior a seis meses, o trabalhador tem direito a dois dias úteis de férias por cada mês completo de duração do contrato, contando-se para o efeito todos os dias seguidos ou interpolados de prestação de trabalho. Essas férias são gozadas imediatamente antes da cessação do contrato, salvo acordo das partes.

No caso de cessação de impedimento prolongado iniciado em ano anterior, o trabalhador tem direito, no ano da cessação, a férias nos termos dos dois primeiros parágrafos desta Secção.

SECÇÃO D

ANO DO GOZO DAS FÉRIAS

As férias são gozadas no ano civil em que se vencem, sem prejuízo do disposto nos parágrafos seguintes.

As férias podem ser gozadas até 30 de abril do ano civil seguinte, em cumulação ou não com férias vencidas no início deste, por acordo entre empregador e trabalhador ou sempre que este as pretenda gozar com familiar residente no estrangeiro.

Pode ainda ser cumulado o gozo de metade do período de férias vencido no ano anterior com o vencido no ano em causa, mediante acordo entre empregador e trabalhador.

SECÇÃO E

MARCAÇÃO DO PERÍODO DE FÉRIAS

O período de férias é marcado por acordo entre empregador e trabalhador.

Na falta de acordo, o empregador marca as férias, que não podem ter início em dia de descanso semanal do trabalhador, ouvindo para o efeito a comissão de trabalhadores ou, na sua falta, a comissão intersindical ou a comissão sindical representativa do trabalhador interessado.

Em pequena, média ou grande empresa, o empregador só pode marcar o período de férias entre 1 de maio e 31 de outubro, a menos que o instrumento de regulamentação coletiva de trabalho ou o parecer dos representantes dos trabalhadores admita época diferente.

Na falta de acordo, o empregador que exerça atividade ligada ao turismo está obrigado a marcar 25% do período de férias a que os trabalhadores têm direito, ou percentagem superior que resulte de instrumento de regulamentação coletiva de trabalho, entre 1 de maio e 31 de outubro, que é gozado de forma consecutiva.

Em caso de cessação do contrato de trabalho sujeita a aviso prévio, o empregador pode determinar que o gozo das férias tenha lugar imediatamente antes da cessação.

Na marcação das férias, os períodos mais pretendidos devem ser rateados, sempre que possível, beneficiando alternadamente os trabalhadores em função dos períodos gozados nos dois anos anteriores.

Os cônjuges, bem como as pessoas que vivam em união de facto ou economia comum nos termos previstos em legislação específica, que trabalham na mesma empresa ou estabelecimento têm direito a gozar férias em idêntico período, salvo se houver prejuízo grave para a empresa.

O gozo do período de férias pode ser interpolado, por acordo entre empregador e trabalhador, desde que sejam gozados, no mínimo, 10 dias úteis consecutivos.

O empregador elabora o mapa de férias, com indicação do início e do termo dos períodos de férias de cada trabalhador, até 15 de abril de cada ano e mantém-no afixado nos locais de trabalho entre esta data e 31 de outubro.

SECÇÃO F

ENCERRAMENTO PARA FÉRIAS

Sempre que seja compatível com a natureza da atividade, o empregador pode encerrar a empresa ou o estabelecimento, total ou parcialmente, para férias dos trabalhadores:

- Até 15 dias consecutivos entre 1 de maio e 31 de outubro;
- Por período superior a 15 dias consecutivos ou fora do período enunciado no ponto anterior, quando assim estiver fixado em instrumento de regulamentação coletiva ou mediante parecer favorável da comissão de trabalhadores;
- Por período superior a 15 dias consecutivos, entre 1 de maio e 31 de outubro, quando a natureza da atividade assim o exigir.

O empregador pode encerrar a empresa ou o estabelecimento, total ou parcialmente, para férias dos trabalhadores:

- Durante cinco dias úteis consecutivos na época de férias escolares do Natal;
- Um dia que esteja entre um feriado que ocorra à terça-feira ou quinta-feira e um dia de descanso semanal, sem prejuízo desse encerramento poder ser, por decisão do empregador, compensado com prestação de trabalho. Refira-se que este trabalho não é compreendido na noção de trabalho suplementar.

O empregador deve informar os trabalhadores abrangidos, até ao dia 15 de dezembro do ano anterior, do encerramento a efetuar no ano seguinte.

SECÇÃO G

ALTERAÇÃO DO PERÍODO DE FÉRIAS POR MOTIVO RELATIVO À EMPRESA

O empregador pode alterar o período de férias já marcado ou interromper as já iniciadas por exigências imperiosas do funcionamento da empresa, tendo o trabalhador direito a indemnização pelos prejuízos sofridos por deixar de gozar as férias no período marcado.

A interrupção das férias deve permitir o gozo seguido de metade do período a que o trabalhador tem direito.

Em caso de cessação do contrato de trabalho sujeita a aviso prévio, o empregador pode alterar a marcação das férias, determinando que o seu gozo tenha lugar imediatamente antes da cessação.

SECÇÃO H

ALTERAÇÃO DO PERÍODO DE FÉRIAS POR MOTIVO RELATIVO AO TRABALHADOR

O gozo das férias não se inicia ou suspende-se caso o trabalhador esteja temporariamente impedido por doença ou por outro facto que não lhe seja imputável, desde que o comunique ao empregador. Tal não se verificará caso o trabalhador se oponha, sem motivo atendível, à verificação da situação de doença por médico, nos termos previstos em legislação específica, sendo a ausência considerada injustificada. Caso contrário, o gozo terá lugar após o termo do impedimento na medida do remanescente do período marcado, devendo o período correspondente aos dias não gozados ser marcado por acordo ou, na falta deste, pelo empregador, não estando este sujeito ao disposto no n.º 3 do artigo 241.º do Código do Trabalho, onde se pode ler que «Em pequena, média ou grande empresa, o empregador só pode marcar o período de férias entre 1 de Maio e 31 de Outubro, a menos que o instrumento de regulamentação colectiva de trabalho ou o parecer dos representantes dos trabalhadores admita época diferente».

Caso seja impossível, total ou parcialmente, o gozo de férias por motivo de impedimento do trabalhador, este tem direito à retribuição correspondente ao período de férias não gozado ou ao gozo do mesmo até 30 de abril do ano seguinte e, em qualquer caso, ao respetivo subsídio.

Em caso de doença do trabalhador no período de férias, a prova da sua situação de doença é feita por declaração de estabelecimento hospitalar, ou centro de saúde ou ainda por atestado médico, podendo a referida situação de doença ser verificada por médico, nos termos previstos em legislação específica.

SECÇÃO I

EFEITOS DA CESSAÇÃO DO CONTRATO DE TRABALHO NO DIREITO A FÉRIAS

Cessando o contrato de trabalho, o trabalhador tem direito a receber *a retribuição de férias e respetivo subsídio*:

- Correspondentes a férias vencidas e não gozadas (sendo o período de férias considerado para efeitos de antiguidade);
- Proporcionais ao tempo de serviço prestado no ano da cessação.

Caso haja cessação de contrato no ano civil subsequente ao da admissão ou cuja duração não seja superior a 12 meses, o cômputo total das férias ou da correspondente retribuição a que o trabalhador tenha direito não pode exceder o proporcional ao período anual de férias tendo em conta a duração do contrato.

Havendo cessação do contrato após impedimento prolongado do trabalhador, este tem direito à retribuição e ao subsídio de férias correspondentes ao tempo de serviço prestado no ano de início da suspensão.

SECÇÃO J

VIOLAÇÃO DO DIREITO A FÉRIAS

Caso o empregador obste culposamente ao gozo das férias nos termos previstos ao longo da exposição feita neste capítulo, o trabalhador tem direito a compensação no valor do triplo da retribuição correspondente ao período em falta, que deve ser gozado até 30 de abril do ano civil subsequente.

SECÇÃO K

EXERCÍCIO DE OUTRA ATIVIDADE DURANTE AS FÉRIAS

O trabalhador não pode exercer durante as férias qualquer outra atividade remunerada, salvo quando já a exerça cumulativamente ou o empregador o autorize.

Em caso de violação do disposto no parágrafo anterior, sem prejuízo da eventual responsabilidade disciplinar do trabalhador, o empregador tem direito a reaver a retribuição correspondente às férias e o respetivo subsídio, metade dos quais reverte para o serviço responsável pela gestão financeira do orçamento da segurança social. Para o efeito, o empregador pode proceder a descontos na retribuição, até ao limite de um sexto, em relação a cada um dos períodos de vencimento posteriores.

SECÇÃO L

CASOS PRÁTICOS DE DETERMINAÇÃO DA DURAÇÃO DO PERÍODO DE FÉRIAS

CASO PRÁTICO 1

i) O Sr. A foi admitido na empresa X, ao abrigo de contrato de trabalho sem termo, no dia 11 de outubro de 20X0;

ii) Qual a duração do período de férias a que o Sr. A terá direito e quando poderá gozar essas férias?

Resposta:

Vimos, acima, que:

- *No ano da admissão, o trabalhador tem direito a dois dias úteis de férias por cada mês de duração do contrato, até 20 dias, cujo gozo pode ter lugar após seis meses completos de execução do contrato;*
- *No caso de o ano civil terminar antes de decorrido o prazo referido no número anterior, as férias são gozadas até 30 de junho do ano subsequente.*

E que,

- *Da aplicação do disposto nos dois parágrafos anteriores não pode resultar o gozo, no mesmo ano civil, de mais de 30 dias úteis de férias, sem prejuízo do disposto em instrumento de regulamentação coletiva de trabalho.*

Assim:

N.º de meses de duração do contrato, no ano de admissão:

De 11/10/20X0 a 31/12/20X0: dois meses completos de duração do contrato de trabalho

1 Assim, no ano de admissão, o trabalhador terá direito a 2 dias úteis de férias × 2 meses completos de duração do contrato = *4 dias úteis de férias*;
2 No entanto, uma vez que a 31/12/20X0 ainda não decorreram seis meses completos de execução do contrato de trabalho, o trabalhador poderá gozar esses quatro dias úteis de férias até 30/06/20X1, mas só a partir de 11/04/20X1 (11/10/20X0 + 6 meses completos de execução do contrato);
3 Uma vez que no dia 01/01/20X1 vencer-se-á o direito do trabalhador a 22 dias úteis de férias, *nesse ano (20X1)* o trabalhador terá direito a gozar 4 dias úteis + 22 dias úteis = 26 dias úteis de férias (que não ultrapassa o limite dos 30 dias úteis de férias no mesmo ano civil), sendo que quatro dias úteis de férias terão de ser gozados entre 11/04/20X1 e 30/06/20X1.

Importa, no entanto, ter em atenção o seguinte:

- As férias são gozadas no ano civil em que se vencem, sem prejuízo do disposto nos parágrafos seguintes;
- As férias podem ser gozadas até 30 de abril do ano civil seguinte, em cumulação ou não com férias vencidas no início desse ano, por acordo entre empregador e trabalhador ou sempre que este as pretenda gozar com familiar residente no estrangeiro;
- Pode ainda ser cumulado o gozo de metade do período de férias vencido no ano anterior com o vencido no ano em causa, mediante acordo entre empregador e trabalhador.

1 Assim, os 22 dias úteis de férias, cujo direito se venceu a 01/01/20X1, deverão ser gozados pelo Sr. A em 20X1, sem prejuízo, no entanto, de os poder gozar até 30 de abril do ano civil seguinte (20X2), em cumulação ou não com férias vencidas no início desse ano (20X2), por acordo entre o empregador (empresa X) e o trabalhador (Sr. A) ou caso o Sr. A as pretenda gozar com familiar residente no estrangeiro;

2 Em 20X2, e também mediante acordo entre o empregador (empresa X) e o trabalhador (Sr. A), este poderá acumular o gozo de metade do período de férias vencido em 20X1 (1 / 2 × 22 dias úteis = *11 dias úteis*) com o vencido em 20X2.

CASO PRÁTICO 2

i) A Sr.ª B foi admitida na empresa Y, ao abrigo de contrato de trabalho a termo certo, não renovável, celebrado a 25 de maio de 20X0 e com termo a 7 de outubro de 20X0;

ii) Relativamente ao gozo de férias nada ficou definido em particular, sendo, por isso, de aplicar as regras legais gerais para este tipo de contratos;

iii) Qual a duração do período de férias a que a Sr.ª B terá direito e quando poderá gozar essas férias?

Resposta:

Como atrás se viu, a lei define que:

- *No caso de a duração do contrato de trabalho ser inferior a seis meses, o trabalhador tem direito a dois dias úteis de férias por cada mês completo de duração do contrato, contando-se para o efeito todos os dias seguidos ou interpolados de prestação de trabalho;*
- *As férias referidas no parágrafo anterior são gozadas imediatamente antes da cessação do contrato, salvo acordo das partes.*

Assim sendo,

1 Partindo do princípio de que a Sr.ª B não irá registar faltas durante a vigência do contrato de trabalho, então este terá a duração de 135 dias seguidos

(n.º de dias decorridos entre 25/05/20X0 e 07/10/20X0), o que corresponde a 135/30 = 4,5 meses de duração total do contrato, ou seja, *quatro meses completos (inteiros) de duração;*

2 Temos então que:

- 2 dias úteis de férias × 4 meses completos de duração do contrato = *8 dias úteis de férias*, sendo que a Sr.ª B irá gozar estes oito dias úteis de férias imediatamente antes do termo do contrato de trabalho, ou seja, antes de 07/10/20X0.

3 Se, durante a execução do contrato de trabalho, a Sr.ª B registar faltas, aos 135 dias será deduzido o número de dias em que faltou, obtendo-se assim o período de prestação efetiva de trabalho e, consequentemente, o n.º de meses completos de duração do contrato para efeitos do cálculo do n.º de dias úteis de férias a que a Sr.ª B terá direito.

Exemplo:

1 Se, por hipótese, a Sr.ª B tiver de faltar por motivo de doença, p. ex., durante a vigência do contrato de trabalho, durante 20 dias seguidos, então a duração do período de férias a que terá direito deverá ser revista e recalculada, sendo que, neste caso:

135 dias – 20 dias = 115 dias
115 dias / 30 dias = 3,8(3) meses de duração do contrato, ou seja, *três meses completos de duração do contrato*, pelo que irá ter direito a:

- 2 dias úteis de férias × 3 meses completos de duração do contrato = *6 dias úteis de férias*, a serem gozados imediatamente antes do termo do contrato de trabalho, ou seja, antes de 07/10/20X0.

CAPÍTULO IV
FALTAS[16]

SECÇÃO A
NOÇÃO DE FALTA

Considera-se *falta a ausência do trabalhador do local em que devia desempenhar a atividade durante o período normal de trabalho diário.*

Em caso de ausência do trabalhador por períodos inferiores ao período normal de trabalho diário, os respetivos tempos são adicionados para determinação da falta.

Caso a duração do período normal de trabalho diário não seja uniforme, considera-se a duração média para efeito do disposto no parágrafo anterior.

SECÇÃO B
TIPOS DE FALTA

A *falta* pode ser *justificada* ou *injustificada.*

São consideradas *faltas justificadas*:

1 As dadas, *durante 15 dias seguidos*, por altura do *casamento;*
2 A motivada por falecimento de cônjuge, parente ou afim, nos termos do artigo 251.º do CT:

O trabalhador pode faltar justificadamente:

- *Até 20 dias consecutivos*, por falecimento de cônjuge não separado de pessoas e bens ou equiparado, filho ou enteado;

[16] Art.º 248.º e Ss do CT.

- *Até cinco dias consecutivos*, por falecimento de parente ou afim no 1.º grau na linha reta não incluídos no ponto anterior (nomeadamente pais, sogros ou padrastos), bem como de pessoa que viva em união de facto ou economia comum com o trabalhador, nos termos previstos em legislação específica;
- *Até dois dias consecutivos*, por falecimento de outro parente ou afim na linha reta ou no 2.º grau da linha colateral (nomeadamente avós, bisavós, netos ou bisnetos do próprio e/ou do cônjuge ou equiparado, bem como irmãos e cunhados).

3 A motivada pela prestação de prova em estabelecimento de ensino, nos termos do artigo 91.º do Código do Trabalho (que regula o direito a faltas para prestação de provas de avaliação);
4 A motivada por impossibilidade de prestar trabalho devido a facto não imputável ao trabalhador, nomeadamente observância de prescrição médica no seguimento de recurso a técnica de procriação medicamente assistida, doença, acidente ou cumprimento de obrigação legal;
5 A motivada pela prestação de assistência inadiável e imprescindível a filho (nos termos do artigo 49.º do CT), a neto (nos termos do artigo 50.º do CT) ou a membro do agregado familiar de trabalhador (nos termos do artigo 252.º do CT);
6 A motivada pelo acompanhamento de grávida que se desloque a unidade hospitalar localizada fora da ilha de residência para realização de parto;
7 A motivada por deslocação a estabelecimento de ensino de responsável pela educação de menor por motivo da situação educativa deste, pelo tempo estritamente necessário, até quatro horas por trimestre, por cada um;
8 A motivada por luto gestacional (nos termos do artigo 38.º-A do CT);
9 A de trabalhador eleito para estrutura de representação coletiva dos trabalhadores, nos termos do artigo 409.º do Código do Trabalho (que regula o direito a faltas de representantes dos trabalhadores);
10 A de candidato a cargo público, nos termos da correspondente lei eleitoral;
11 A autorizada ou aprovada pelo empregador;
12 A que por lei seja como tal considerada.

A *falta justificada* não afeta qualquer direito do trabalhador, salvo o que a seguir se dispõe:

Sem prejuízo de outras disposições legais, determinam a perda de retribuição as seguintes faltas justificadas:

1 Por motivo de doença, desde que o trabalhador beneficie de um regime de segurança social de proteção na doença;
2 Por motivo de acidente no trabalho, desde que o trabalhador tenha direito a qualquer subsídio ou seguro;
3 Para assistência a membro do agregado familiar (tal como prevê o artigo 252.º do CT). Esta falta é, no entanto, considerada como prestação efetiva de trabalho;
4 Por motivo de acompanhamento de grávida que se desloque a unidade hospitalar localizada fora da ilha de residência para realização de parto, quando excedam 30 dias por ano;
5 As que por lei sejam como tal consideradas, quando excedam 30 dias por ano;
6 As autorizadas ou aprovadas pelo empregador.

É considerada *injustificada qualquer falta atrás não elencada como falta justificada.*

A *falta injustificada* constitui violação do dever de assiduidade e determina perda da retribuição correspondente ao período de ausência, que não é contado na antiguidade do trabalhador.

A falta injustificada a um ou meio período normal de trabalho diário, imediatamente anterior ou posterior a dia ou meio-dia de descanso ou a feriado, constitui infração grave.

Na situação referida no parágrafo anterior, o período de ausência a considerar para efeitos da perda de retribuição abrange os dias ou meios-dias de descanso ou feriados imediatamente anteriores ou posteriores ao dia de falta.

No caso de apresentação de trabalhador com atraso injustificado:

i) Sendo o atraso superior a 60 minutos e para início do trabalho diário, o empregador pode não aceitar a prestação de trabalho durante todo o período normal de trabalho;
ii) Sendo o atraso superior a 30 minutos, o empregador pode não aceitar a prestação de trabalho durante essa parte do período normal de trabalho.

SECÇÃO C

IMPERATIVIDADE DO REGIME DE FALTAS

As disposições relativas aos motivos justificativos de faltas e à sua duração não podem ser afastadas:

- Por instrumento de regulamentação coletiva de trabalho, salvo em relação às faltas de trabalhador eleito para estrutura de representação coletiva dos trabalhadores, nos termos do artigo 409.º do Código do Trabalho (que regula o direito a faltas de representantes dos trabalhadores) e desde que em sentido mais favorável ao trabalhador;

Ou

- Por contrato de trabalho.

CAPÍTULO V
PROTEÇÃO NA PARENTALIDADE

BREVE INTRODUÇÃO

A *maternidade* e a *paternidade* constituem valores sociais eminentes, sendo que os trabalhadores têm direito à proteção da sociedade e do Estado na realização da sua insubstituível ação em relação ao exercício da *parentalidade*.

SECÇÃO A
CONCEITOS EM MATÉRIA DE PROTEÇÃO DA PARENTALIDADE[17]

No âmbito do *regime de proteção da parentalidade*, entende-se por:

- *Trabalhadora grávida* → a trabalhadora em estado de gestação que informe o empregador do seu estado, por escrito, com apresentação de atestado médico;
- *Trabalhadora puérpera* → a trabalhadora parturiente e durante um período de 120 dias subsequentes ao parto que informe o empregador do seu estado, por escrito, com apresentação de atestado médico ou certidão de nascimento do filho;
- *Trabalhadora lactante* → a trabalhadora que amamenta o filho e informe o empregador do seu estado, por escrito, com apresentação de atestado médico.

O *regime de proteção da parentalidade* é ainda aplicável desde que o empregador tenha conhecimento da situação ou do facto relevante.

---

[17] Art.º 36.º do CT.

SECÇÃO B

DIREITOS EM MATÉRIA DE PROTEÇÃO DA PARENTALIDADE

A *proteção na parentalidade* concretiza-se através da *atribuição dos seguintes direitos*[18]:

- Licença em situação de risco clínico durante a gravidez;
- Licença para deslocação a unidade hospitalar localizada fora da ilha de residência para realização de parto;
- Licença por interrupção de gravidez;
- Licença parental, em qualquer das modalidades;
- Licença por adoção;
- Dispensa da prestação de trabalho por parte de trabalhadora grávida, puérpera ou lactante, por motivo de proteção da sua segurança e saúde, e respetivo acompanhante, nas deslocações interilhas das regiões autónomas.
- Licença parental complementar, em qualquer das modalidades;
- Dispensa da prestação de trabalho por parte de trabalhadora grávida, puérpera ou lactante, por motivo de proteção da sua segurança e saúde;
- Dispensa para consulta pré-natal;
- Dispensa no âmbito dos processos de adoção e de acolhimento familiar;
- Dispensa para amamentação ou aleitação;
- Faltas para assistência a filho;
- Faltas para assistência a neto;
- Licença para assistência a filho;
- Licença para assistência a filho com deficiência, doença crónica ou doença oncológica;
- Trabalho a tempo parcial de trabalhador com responsabilidades familiares;
- Horário flexível de trabalhador com responsabilidades familiares;
- Dispensa de prestação de trabalho em regime de adaptabilidade;
- Dispensa de prestação de trabalho suplementar;
- Dispensa de prestação de trabalho no período noturno.

Os direitos atrás previstos apenas se aplicam, após o nascimento do filho, a trabalhadores progenitores não impedidos ou inibidos totalmente do exercício do

---

[18] *Vide* art.º 35.º do CT.

poder paternal, com exceção do direito ao gozo de 42 dias consecutivos de licença parental exclusiva da mãe e dos referentes a proteção durante a amamentação.

A) MODALIDADES DE LICENÇA PARENTAL

A licença parental compreende as seguintes modalidades[19]:

- Licença parental inicial;
- Licença parental inicial exclusiva da mãe;
- Licença parental inicial a gozar pelo pai por impossibilidade da mãe;
- Licença parental exclusiva do pai.

SECÇÃO C

O REGIME DE LICENÇAS, FALTAS E DISPENSAS NO ÂMBITO DA PROTEÇÃO NA PARENTALIDADE[20]

Não determinam perda de quaisquer direitos, *salvo quanto à retribuição*, e *são consideradas como prestação efetiva de trabalho as ausências ao trabalho resultantes de*:

- Licença em situação de risco clínico durante a gravidez;
- Licença para deslocação a unidade hospitalar localizada fora da ilha de residência para realização de parto;
- Licença por interrupção de gravidez;
- Licença parental, em qualquer das modalidades;
- Licença por adoção;
- Licença parental complementar em qualquer das modalidades;
- Falta para assistência a filho;
- Falta para assistência a neto;
- Dispensa de prestação de trabalho no período noturno;
- Dispensa da prestação de trabalho por parte de trabalhadora grávida, puérpera ou lactante, por motivo de proteção da sua segurança e saúde;

---

[19] Art.º 39.º do CT.

[20] A este propósito *vide* o art.º 65.º do CT.

- Dispensa no âmbito dos processos de adoção e de acolhimento familiar;
- Dispensa do acompanhante da mulher grávida, que se encontre numa das ilhas das regiões autónomas sem unidade hospitalar, nas deslocações desta à unidade hospitalar onde decorrerá o parto.

A *falta* por luto gestacional, bem como a *dispensa* para consulta de PMA ou pré-natal, amamentação ou aleitação *não determinam a perda de quaisquer direitos e são consideradas como prestação efetiva de trabalho.*

As *licenças* por situação de risco clínico durante a gravidez, para deslocação a unidade hospitalar localizada fora da ilha de residência para realização de parto, por interrupção de gravidez, por adoção e licença parental em qualquer modalidade:

- Suspendem o gozo das férias, devendo os dias remanescentes ser gozados após o seu termo, mesmo que tal se verifique no ano seguinte;
- Não prejudicam o tempo já decorrido de estágio ou ação ou curso de formação, devendo o trabalhador cumprir apenas o período em falta para o completar;
- Adiam a prestação de prova para progressão na carreira profissional, a qual deve ter lugar após o termo da licença.

A *licença parental* e a *licença parental complementar*, em quaisquer das suas modalidades, por adoção, para assistência a filho e para assistência a filho com deficiência, doença crónica ou doença oncológica:

- Suspendem-se por doença do trabalhador, se este informar o empregador e apresentar atestado médico comprovativo, e prosseguem logo após a cessação desse impedimento;
- Não podem ser suspensas por conveniência do empregador;
- Não prejudicam o direito do trabalhador a aceder à informação periódica emitida pelo empregador para o conjunto dos trabalhadores;
- Terminam com a cessação da situação que originou a respetiva licença que deve ser comunicada ao empregador no prazo de cinco dias.

No termo de qualquer situação de licença, faltas, dispensa ou regime de trabalho especial, o trabalhador tem direito a retomar a atividade contratada, devendo, no caso previsto no parágrafo anterior (relativo ao termo da *licença parental* e da *licença parental complementar* com a cessação da situação que originou a respetiva licença), retomá-la na primeira vaga que ocorrer na empresa ou, se esta entretanto não se verificar, no termo do período previsto para a licença.

A licença para assistência a filho ou para assistência a filho com deficiência, doença crónica ou doença oncológica suspende os direitos, deveres e garantias das partes na medida em que pressuponham a efetiva prestação de trabalho, designadamente a retribuição, mas não prejudica os benefícios complementares de assistência médica e medicamentos a que o trabalhador tenha direito.

CAPÍTULO VI

OS INSTRUMENTOS DE REGULAMENTAÇÃO COLETIVA DE TRABALHO

O *contrato de trabalho* está sujeito, em especial, aos *instrumentos de regulamentação coletiva de trabalho*, assim como aos *usos laborais que não contrariem o princípio da boa-fé*.[21]

Os *instrumentos de regulamentação coletiva de trabalho*[22] podem ser *negociais* ou *não negociais*.

A – Os *instrumentos de regulamentação coletiva de trabalho negociais* são:

1 A *convenção coletiva*, que pode ser:
   a) *Contrato coletivo* — convenção celebrada entre associação sindical e associação de empregadores;
   b) *Acordo coletivo* — convenção celebrada entre associação sindical e uma pluralidade de empregadores para diferentes empresas;
   c) *Acordo de empresa* — convenção celebrada entre associação sindical e um empregador para uma empresa ou estabelecimento.
2 O *acordo de adesão*;
3 A *decisão arbitral em processo de arbitragem voluntária*.

B – Os *instrumentos de regulamentação coletiva de trabalho não negociais* são:

1 A *portaria de extensão*;
2 A *portaria de condições de trabalho*;
3 A *decisão arbitral em processo de arbitragem obrigatória ou necessária*.

---

[21] Art.º 1.º do CT.

[22] A este propósito *vide* art.ºs 2.º e 3.º do CT, onde a matéria relativa aos *instrumentos de regulamentação coletiva de trabalho* é tratada, no que toca à sua classificação e desdobramento bem como às suas relações com outras fontes de regulação.

As normas legais reguladoras de contrato de trabalho podem ser afastadas por instrumento de regulamentação coletiva de trabalho, salvo quando delas resultar o contrário.

As normas legais reguladoras de contrato de trabalho não podem ser afastadas por portaria de condições de trabalho.

As normas legais reguladoras de contrato de trabalho só podem ser afastadas por instrumento de regulamentação coletiva de trabalho que, sem oposição daquelas normas, disponha em sentido mais favorável aos trabalhadores quando respeitem às seguintes matérias:

- Direitos de personalidade, igualdade e não discriminação;
- Proteção na parentalidade;
- Trabalho de menores;
- Trabalhador com capacidade de trabalho reduzida, com deficiência ou doença crónica;
- Trabalhador-estudante;
- Dever de informação do empregador;
- Limites à duração dos períodos normais de trabalho diário e semanal;
- Duração mínima dos períodos de repouso, incluindo a duração mínima do período anual de férias;
- Duração máxima do trabalho dos trabalhadores noturnos;
- Forma de cumprimento e garantias da retribuição, bem como pagamento de trabalho suplementar;
- Teletrabalho;
- Capítulo sobre prevenção e reparação de acidentes de trabalho e doenças profissionais e legislação que o regulamenta;
- Transmissão de empresa ou estabelecimento;
- Direitos dos representantes eleitos dos trabalhadores;
- Uso de algoritmos, inteligência artificial e matérias conexas, nomeadamente no âmbito do trabalho nas plataformas digitais.

As normas legais reguladoras de contrato de trabalho só podem ser afastadas por contrato individual que estabeleça condições mais favoráveis para o trabalhador, se delas não resultar o contrário.

Sempre que uma norma legal reguladora de contrato de trabalho determine que a mesma pode ser afastada por instrumento de regulamentação coletiva de trabalho entende-se que o não pode ser por contrato de trabalho.

CAPÍTULO VII
O ENQUADRAMENTO CONTRIBUTIVO E FISCAL NO PROCESSAMENTO DE SALÁRIOS

SECÇÃO A
DISPOSIÇÕES GERAIS

O *Código dos Regimes Contributivos do Sistema Previdencial de Segurança Social*[23] (que, por uma questão de simplificação, designaremos por *Código dos Regimes Contributivos*) regula os regimes abrangidos pelo sistema previdencial aplicáveis aos *trabalhadores por conta de outrem* ou em situação legalmente equiparada para efeitos de segurança social, aos trabalhadores independentes, bem como o regime de inscrição facultativa.

O referido código designa por *regime geral* o regime aplicável à *generalidade dos trabalhadores por conta de outrem*, que constitui o *quadro legal de referência* dos restantes regimes contributivos do sistema previdencial.

O *regime geral dos trabalhadores por conta de outrem* compreende, além do regime aplicável à generalidade dos trabalhadores por conta de outrem:

- O regime aplicável aos trabalhadores integrados em categorias ou situações específicas;
- O regime aplicável às situações equiparadas a trabalho por conta de outrem.

---

[23] Publicado em anexo à Lei n.º 110/2009, de 16 de setembro, e que dela faz parte integrante. (*Vide* redação atualmente em vigor)

SECÇÃO B

REGIME GERAL DOS TRABALHADORES POR CONTA DE OUTREM

A) TRABALHADORES ABRANGIDOS

São abrangidos pelo *regime geral*, com *carácter de obrigatoriedade*, os trabalhadores que exercem atividade profissional remunerada ao abrigo de contrato de trabalho nos termos do disposto no *Código do Trabalho*.

São ainda abrangidas pelo *regime geral* as *pessoas singulares* que em função das características específicas da atividade exercida sejam, nos termos do Código dos Regimes Contributivos, consideradas em *situação equiparada à dos trabalhadores por conta de outrem para efeitos da relação jurídica de segurança social*.

B) TRABALHADORES ESPECIALMENTE ABRANGIDOS

São abrangidos, *em especial*, pelo *regime geral*:

- Os trabalhadores destacados sem prejuízo do disposto em legislação própria e em instrumentos internacionais a que Portugal se encontre vinculado;
- Os trabalhadores que exercem a respetiva atividade em estabelecimentos de turismo rural, turismo de habitação e agroturismo;
- Os trabalhadores que prestam serviço de limpeza em prédios em regime de propriedade horizontal.

C) TRABALHADORES EXCLUÍDOS

São *excluídos* do âmbito de aplicação do *regime geral* os trabalhadores abrangidos pelo regime de proteção social convergente dos *trabalhadores que exercem funções públicas* ou que nos termos da lei tenham optado pelo regime de proteção social pelo qual estão abrangidos, desde que este seja de inscrição obrigatória. Esta exclusão respeita exclusivamente à atividade profissional que determina a inscrição nos regimes de proteção social atrás referidos.

D) ENTIDADES EMPREGADORAS

São abrangidas pelo *regime geral dos trabalhadores por conta de outrem* na qualidade de *entidades empregadoras*, as *pessoas singulares* ou *coletivas* que beneficiem da atividade dos *trabalhadores abrangidos pelo referido regime*, independentemente da sua natureza e das finalidades que prossigam.

As *empresas de trabalho temporário* são consideradas *entidades empregadoras* dos *trabalhadores temporários*, para efeitos do disposto no Código dos Regimes Contributivos.

O *fim não lucrativo* das *entidades empregadoras*, qualquer que seja a sua natureza jurídica, *não as exclui* do âmbito de aplicação do Código dos Regimes Contributivos.

E) ÂMBITO MATERIAL

A *proteção social conferida pelo regime geral dos trabalhadores por conta de outrem* integra, de acordo com o especificamente regulado para cada eventualidade, *proteção nas eventualidades* de:

- Doença;
- Parentalidade;
- Desemprego;
- Doenças profissionais;
- Invalidez;
- Velhice;
- Morte.

F) PAGAMENTO DAS CONTRIBUIÇÕES E DAS QUOTIZAÇÕES

O *pagamento* das *contribuições* (suportadas pelas entidades empregadoras) e das *quotizações* (descontadas nos vencimentos dos trabalhadores) é *efetuado mensalmente do dia 10 até ao dia 20 do mês seguinte àquele a que as contribuições e as quotizações respeitam.*

G) BASE DE INCIDÊNCIA CONTRIBUTIVA

Para a determinação do montante das contribuições e das quotizações, considera-se *base de incidência contributiva a remuneração ilíquida (bruta)* devida em função do exercício da atividade profissional ou decorrente da cessação do contrato de trabalho nos termos do Código dos Regimes Contributivos. Tal não prejudica, no entanto, a fixação de bases de incidência convencionais ou a sua sujeição a limites mínimos ou máximos.

H) BASES DE INCIDÊNCIA CONVENCIONAIS

As bases de incidência convencionais são fixadas por referência ao valor do indexante dos apoios sociais (IAS).

Para efeitos do exposto no parágrafo anterior, a atualização da base de incidência produz efeitos a partir do 1.º dia do mês seguinte ao da publicação do diploma que concretize a atualização do IAS.

I) DELIMITAÇÃO DA BASE DE INCIDÊNCIA CONTRIBUTIVA

Para efeitos de *delimitação da base de incidência contributiva* consideram-se *remunerações* as *prestações pecuniárias* ou *em espécie* que nos termos do contrato de trabalho, das normas que o regem ou dos usos são *devidas pelas entidades empregadoras aos trabalhadores* como *contrapartida do seu trabalho.*

Integram a base de incidência contributiva, designadamente, *as seguintes prestações:*

1. *A remuneração base*, em dinheiro ou em espécie;
2. *As diuturnidades* e outros valores estabelecidos em função da antiguidade dos trabalhadores ao serviço da respetiva entidade empregadora;
3. *As comissões, os bónus e outras prestações de natureza análoga;*
4. *Os prémios de rendimento, de produtividade, de assiduidade, de cobrança, de condução, de economia e outros de natureza análoga que tenham carácter de regularidade;*
5. *A remuneração* pela prestação de *trabalho suplementar;*
6. *A remuneração* por *trabalho noturno;*

7. *A remuneração correspondente ao período de férias e respetivo subsídio* a que o trabalhador tenha direito;
8. *Os subsídios de Natal, de Páscoa* e outros de natureza análoga;
9. *Os subsídios* por *penosidade, perigo* ou *outras condições especiais de prestação de trabalho;*
10. *Os subsídios* de compensação por *isenção de horário de trabalho* ou situações equiparadas;
11. *Os valores* dos *subsídios de refeição,* quer sejam *atribuídos em dinheiro,* quer *em títulos de refeição (em ambos os casos, as prestações ficam sujeitas a incidência contributiva nos mesmos termos previstos no Código do IRS):*

Artigo 2.º
Rendimentos da Categoria A

...

3 Consideram-se ainda rendimentos do trabalho dependente:

...

b) As remunerações acessórias, nelas se compreendendo todos os direitos, benefícios ou regalias não incluídos na remuneração principal que sejam auferidos devido à prestação de trabalho ou em conexão com esta e constituam para o respectivo beneficiário uma vantagem económica, designadamente:

...

2) *O subsídio de refeição na parte em que exceder o limite legal estabelecido ou em que o exceda em 60% sempre que o respetivo subsídio seja atribuído através de vales de refeição;*

...

12. *Os subsídios de residência, de renda de casa* e outros de natureza análoga, que tenham carácter de regularidade;
13. Os *valores efetivamente devidos* a título de *despesas de representação* desde que se encontrem pré-determinados e dos quais não tenham sido prestadas contas até ao termo do exercício;

A este propósito:

Despesas de representação

Despesas de representação são todas as despesas que decorram da necessidade de promoção da empresa ou dos seus sócios em território nacional ou internacional.

De acordo com o n.º 7 do artigo 88.º do Código do IRC, consideram-se *despesas de representação*, nomeadamente, as despesas suportadas com receções, refeições, viagens, passeios e espetáculos oferecidos no País ou no estrangeiro a clientes ou fornecedores ou ainda a quaisquer outras pessoas ou entidades.

14. As *gratificações*, pelo *valor total atribuído*, devidas por força do contrato ou das normas que o regem, ainda que a sua atribuição esteja condicionada aos bons serviços dos trabalhadores, bem como *as que pela sua importância e carácter regular e permanente*, devam, segundo os usos, considerar-se como *elemento integrante da remuneração;*
15. As *importâncias atribuídas* a título de *ajudas de custo, abonos de viagem, despesas de transporte e outras equivalentes,* na parte em que excedam os limites legais[24] ou quando não sejam observados os pressupostos da sua atribuição aos servidores do Estado.

Relativamente a este último tipo de prestações (ajudas de custo, abonos de viagem, despesas de transporte e outras equivalentes), situação análoga é prevista, para efeitos de tributação em sede de IRS, no respetivo Código:

Artigo 2.º

Rendimentos da categoria A

...

3 Consideram-se ainda rendimentos do trabalho dependente:

...

d) As ajudas de custo e as importâncias auferidas pela utilização de automóvel próprio em serviço da entidade patronal, na parte em que ambas excedam os

[24] Os limites previstos no Código do Imposto sobre o Rendimento das Pessoas Singulares podem ser acrescidos até 50%, desde que o acréscimo resulte de aplicação, de forma geral por parte da entidade empregadora, de instrumento de regulação coletiva de trabalho.

limites legais ou quando não sejam observados os pressupostos da sua atribuição aos servidores do Estado e as verbas para despesas de deslocação, viagens ou representação de que não tenham sido prestadas contas até ao termo do exercício;

...

14 Os limites legais previstos neste artigo serão os anualmente fixados para os servidores do Estado.

...

16. Os *abonos para falhas*, sendo que tais *prestações estão sujeitas a incidência contributiva, nos mesmos termos previstos no Código do IRS*[25]:

Artigo 2.º
Rendimentos da Categoria A

...

3 Consideram-se ainda rendimentos do trabalho dependente:

...

c) *Os abonos para falhas* devidos a quem, no seu trabalho, *tenha de movimentar numerário, na parte em que excedam 5% da remuneração mensal fixa;*

...

17. Os *montantes atribuídos aos trabalhadores* a título de *participação nos lucros da empresa*, desde que ao trabalhador não esteja assegurada pelo contrato uma remuneração certa, variável ou mista adequada ao seu trabalho[26];
18. *As despesas* resultantes da *utilização pessoal pelo trabalhador* de *viatura automóvel* que gere *encargos* para a *entidade empregadora*.

Considera-se que a *viatura é para uso pessoal sempre que tal se encontre previsto em acordo escrito entre o trabalhador e a entidade empregadora* do qual conste:

- A afetação, em permanência, ao trabalhador, de uma viatura automóvel concreta;

---

[25] *Idem* nota anterior.

[26] Nos termos dos artigos 4.º e 6.º da Lei n.º 110/2009, de 16 de setembro, que aprovou o Código dos Regimes Contributivos do Sistema Previdencial de Segurança Social, na redação dada pela Lei n.º 93/2019, de 4 de setembro, este ponto só entra em vigor quando for regulamentado.

- Que os encargos com a viatura e com a sua utilização sejam integralmente suportados pela entidade empregadora;
- Menção expressa da possibilidade de utilização para fins pessoais ou da possibilidade de utilização durante 24 horas por dia e o trabalhador não se encontre sob o regime de isenção de horário de trabalho.

Sem prejuízo, no entanto, do seguinte:

- A viatura é ainda considerada para uso pessoal sempre que no acordo escrito seja afeta ao trabalhador, em permanência, viatura automóvel concreta, com expressa possibilidade de utilização nos dias de descanso semanal.
- Neste caso, *esta componente não constituirá base de incidência* nos meses em que o trabalhador preste trabalho suplementar em pelo menos dois dos dias de descanso semanal obrigatório ou em quatro dias de descanso semanal obrigatório ou complementar.
- *O valor sujeito a incidência contributiva* corresponde a *0,75% do custo de aquisição da viatura.*

Integram, igualmente, a base de incidência contributiva, as seguintes prestações:

19. *As despesas de transporte*, pecuniárias ou não, *suportadas pela entidade empregadora* para *custear as deslocações em benefício dos trabalhadores*, na medida em que estas não se traduzam na utilização de meio de transporte disponibilizado pela entidade empregadora ou em que excedam o valor de passe social ou, na inexistência deste, o que resultaria da utilização de transportes coletivos, desde que quer a disponibilização daquele quer a atribuição destas tenham carácter geral;
20. *Os valores* correspondentes às *retribuições a cujo recebimento os trabalhadores não tenham direito em consequência de sanção disciplinar constituem prestações sujeitas a incidência contributiva, nos mesmos termos em que são tributadas em sede de IRS.*[27]

---

[27] De facto, da conjugação do n.º 3 com a alínea u) do n.º 2, do artigo 46.º do Código dos Regimes Contributivos, resulta que os valores correspondentes às retribuições a cujo recebimento os trabalhadores não tenham direito em consequência de sanção disciplinar estão sujeitos a incidência contributiva nos mesmos termos previstos no Código do Imposto sobre o Rendimento das Pessoas Singulares.

21. *Compensação* por *cessação do contrato de trabalho por acordo* apenas nas situações com direito a prestações de desemprego, sendo que tais *prestações* se encontram *sujeitas a incidência contributiva, nos mesmos termos previstos no Código do IRS.*

Como previsto no Código do IRS[28]:

Artigo 2.º
Rendimentos da Categoria A

1 Consideram-se rendimentos do trabalho dependente todas as remunerações pagas ou postas à disposição do seu titular provenientes de:

a) Trabalho por conta de outrem prestado ao abrigo de contrato individual de trabalho ou de outro a ele legalmente equiparado;
b) Trabalho prestado ao abrigo de contrato de aquisição de serviços ou outro de idêntica natureza, sob a autoridade e a direcção da pessoa ou entidade que ocupa a posição de sujeito activo na relação jurídica dele resultante;
c) Exercício de função, serviço ou cargo públicos;
d) Situações de pré-reforma, pré-aposentação ou reserva, com ou sem prestação de trabalho, bem como de prestações atribuídas, não importa a que título, antes de verificados os requisitos exigidos nos regimes obrigatórios de segurança social aplicáveis para a passagem à situação de reforma, ou, mesmo que não subsista o contrato de trabalho, se mostrem subordinadas à condição de serem devidas até que tais requisitos se verifiquem, ainda que, em qualquer dos casos anteriormente previstos, sejam devidas por fundos de pensões ou outras entidades, que se substituam à entidade originariamente devedora.

...

4 Quando, por qualquer forma, cessem os contratos subjacentes às situações referidas nas alíneas a), b) e c) do n.º 1, mas sem prejuízo do disposto na alínea d) do mesmo número, quanto às prestações que continuem a ser devidas mesmo que o contrato de trabalho não subsista, ou se verifique a cessação das funções de gestor público, administrador ou gerente de pessoa colectiva, bem como de representante de estabelecimento estável de entidade não residente, as importâncias auferidas, a qualquer título, ficam sempre sujeitas a tributação:

---

[28] Os limites previstos no Código do Imposto sobre o Rendimento das Pessoas Singulares podem ser acrescidos até 50%, desde que o acréscimo resulte de aplicação, de forma geral por parte da entidade empregadora, de instrumento de regulação coletiva de trabalho.

a) Pela sua totalidade, na parte que corresponda ao exercício de funções de gestor público, administrador ou gerente de pessoa coletiva, bem como de representante de estabelecimento estável de entidade não residente;

b) Na parte que exceda o valor correspondente ao valor médio das remunerações regulares com carácter de retribuição sujeitas a imposto, auferidas nos últimos 12 meses, multiplicado pelo número de anos ou fracção de antiguidade ou de exercício de funções na entidade devedora, nos demais casos, salvo quando nos 24 meses seguintes seja criado novo vínculo profissional ou empresarial, independentemente da sua natureza, com a mesma entidade, caso em que as importâncias serão tributadas pela totalidade.

...

6 O regime previsto no n.º 4 não é aplicável às importâncias relativas aos direitos vencidos durante os referidos contratos ou situações, designadamente remunerações por trabalho prestado, férias, subsídios de férias e de Natal.

7 As importâncias referidas no n.º 4 serão também tributadas pela totalidade quando o sujeito passivo tenha beneficiado, nos últimos cinco anos, da não tributação total ou parcial nele prevista.

...

22. Os valores despendidos *obrigatória ou facultativamente* pela *entidade empregadora* com *aplicações financeiras, a favor dos trabalhadores,* designadamente *seguros do ramo «Vida», fundos de pensões e planos de poupança reforma* ou *quaisquer regimes complementares de segurança social,* quando são objetos de *resgate, adiantamento, remição* ou qualquer outra forma de antecipação de correspondente disponibilidade ou em qualquer caso de recebimento de capital antes da data da passagem à situação de pensionista, ou fora dos condicionalismos legalmente definidos[29];

23. *As importâncias* auferidas *pela utilização de automóvel próprio* em *serviço da entidade empregadora,* sendo que estas prestações estão *sujeitas a incidência contributiva, nos mesmos termos previstos no Código do IRS.*[30]

---

[29] Nos termos dos artigos 4.º e 6.º da Lei n.º 110/2009, de 16 de setembro, que aprovou o Código dos Regimes Contributivos do Sistema Previdencial de Segurança Social, na redação dada pela Lei n.º 93/2019, de 4 de setembro, este ponto só entra em vigor quando for regulamentado.

[30] Os limites previstos no Código do Imposto sobre o Rendimento das Pessoas Singulares podem ser acrescidos até 50%, desde que o acréscimo resulte de aplicação, de forma geral por parte da entidade empregadora, de instrumento de regulação coletiva de trabalho.

Prevê o Código do IRS:

Artigo 2.º
Rendimentos da Categoria A

...

3 Consideram-se ainda rendimentos do trabalho dependente:

...

d) As ajudas de custo e as importâncias auferidas pela utilização de automóvel próprio em serviço da entidade patronal, na parte em que ambas excedam os limites legais ou quando não sejam observados os pressupostos da sua atribuição aos servidores do Estado e as verbas para despesas de deslocação, viagens ou representação de que não tenham sido prestadas contas até ao termo do exercício;

...

14 Os limites legais previstos neste artigo serão os anualmente fixados para os servidores do Estado.

...

24. *As prestações* relacionadas com *o desempenho obtido pela empresa* quando, quer *no respetivo título atributivo* quer *pela sua atribuição regular e permanente*, revistam *carácter estável* independentemente da variabilidade do seu montante.[31]
25. O *valor mensal* atribuído *pela entidade patronal* ao *trabalhador* em *vales de transportes públicos coletivos*. Estas prestações estão *sujeitas a incidência contributiva, nos mesmos termos previstos no Código do IRS:*

Artigo 2.º-A
Delimitação negativa dos rendimentos da categoria A

1 Não se consideram rendimentos do trabalho dependente:

...

d) As importâncias suportadas pelas entidades patronais com a aquisição de passes sociais a favor dos seus trabalhadores, desde que a atribuição dos mesmos tenha carácter geral;

...

[31] *Idem* nota 27.

➡ Constituem *base de incidência contributiva*, além das prestações referidas anteriormente, *todas as que sejam atribuídas ao trabalhador*, com *carácter de regularidade*, em *dinheiro* ou *em espécie*, *direta ou indiretamente* como *contrapartida da prestação do trabalho.*

Pela relevância de que se revestem para o tema em análise, a seguir se transcrevem, na íntegra, os artigos 2.º e 2.º-A, do *Código do Imposto sobre o Rendimento das Pessoas Singulares*, para que possamos delimitar, globalmente, os *rendimentos do trabalho dependente* tributáveis em sede de IRS (rendimentos da categoria A, na definição dada no referido Código).

Assim, temos:

Artigo 2.º
Rendimentos da Categoria A

1 Consideram-se *rendimentos do trabalho dependente* todas as *remunerações* pagas ou postas à disposição do seu titular *provenientes de*:

a) *Trabalho por conta de outrem prestado ao abrigo de contrato individual de trabalho* ou de *outro a ele legalmente equiparado;*
b) *Trabalho prestado ao abrigo de contrato de aquisição de serviços* ou *outro de idêntica natureza*, sob a autoridade e a direção da pessoa ou entidade que ocupa a posição de sujeito ativo na relação jurídica dele resultante;
c) Exercício de *função, serviço* ou *cargo públicos;*
d) Situações de pré-reforma, pré-aposentação ou reserva, com ou sem prestação de trabalho, bem como de prestações atribuídas, não importa a que título, antes de verificados os requisitos exigidos nos regimes obrigatórios de segurança social aplicáveis para a passagem à situação de reforma, ou, mesmo que não subsista o contrato de trabalho, se mostrem subordinadas à condição de serem devidas até que tais requisitos se verifiquem, ainda que, em qualquer dos casos anteriormente previstos, sejam devidas por fundos de pensões ou outras entidades, que se substituam à entidade originariamente devedora.

2 As *remunerações* referidas no número anterior compreendem, designadamente, *ordenados, salários, vencimentos, gratificações, percentagens, comissões, participações, subsídios* ou *prémios, senhas de presença, emolumentos, participações em multas* e *outras remunerações acessórias*, ainda que periódicas, fixas ou variáveis, de natureza contratual ou não.

3 Consideram-se ainda *rendimentos do trabalho dependente*:

a) As remunerações dos membros dos órgãos estatutários das pessoas coletivas e entidades equiparadas, com exceção dos que neles participem como revisores oficiais de contas;

b) *As remunerações acessórias*, nelas se compreendendo todos os direitos, benefícios ou regalias não incluídos na remuneração principal que sejam auferidos devido à prestação de trabalho ou em conexão com esta e constituam para o respetivo beneficiário uma vantagem económica, designadamente:

   1) Os *abonos de família* e *respetivas prestações complementares*, exceto na parte em que não excedam os limites legais estabelecidos;

   2) O *subsídio de refeição* na parte em que exceder o limite legal estabelecido ou em que o exceda em 60% sempre que o respetivo subsídio seja atribuído através de vales de refeição;

   3) As *importâncias despendidas*, obrigatória ou facultativamente, *pela entidade patronal*:

      i) Com seguros e operações do ramo «Vida», contribuições para fundos de pensões, fundos de poupança-reforma ou quaisquer regimes complementares de segurança social, desde que constituam direitos adquiridos e individualizados dos respetivos beneficiários;

      ii) Para os fins previstos na subalínea anterior e que, não constituindo direitos adquiridos e individualizados dos respetivos beneficiários, sejam por estes objeto de resgate, adiantamento, remição ou qualquer outra forma de antecipação da correspondente disponibilidade;

   4) Os *subsídios de residência* ou equivalentes ou a utilização de casa de habitação fornecida pela entidade patronal;

   5) Os *resultantes de empréstimos sem juros ou a taxa de juro inferior à de referência para o tipo de operação em causa, concedidos ou suportados pela entidade patronal*, com exceção dos que se destinem à aquisição de habitação própria permanente de valor não superior a (euro) 180 426,40 e cuja taxa não seja inferior a 70% da taxa mínima de proposta aplicável às operações principais de refinanciamento pelo Banco Central Europeu, ou de outra taxa legalmente fixada como equivalente;

   6) As *importâncias despendidas pela entidade patronal* com *viagens e estadas*, de turismo e similares, não conexas com as funções exercidas pelo trabalhador ao serviço da mesma entidade;

   7) Os *ganhos derivados de planos de opções*, de subscrição, de atribuição ou outros de efeito equivalente, *sobre valores mobiliários ou direitos equiparados*,

ainda que de natureza ideal, criados em benefício de trabalhadores ou membros de órgãos sociais, incluindo os resultantes da alienação ou liquidação financeira das opções ou direitos ou de renúncia onerosa ao seu exercício, a favor da entidade patronal ou de terceiros, e, bem assim, os resultantes da recompra por essa entidade, mas, em qualquer caso, apenas na parte em que a mesma se revista de carácter remuneratório, dos valores mobiliários ou direitos equiparados, mesmo que os ganhos apenas se materializem após a cessação da relação de trabalho ou de mandato social;

8) Os *rendimentos, em dinheiro ou em espécie, pagos ou colocados à disposição a título de direito a rendimento inerente a valores mobiliários ou direitos equiparados*, ainda que estes se revistam de natureza ideal, e, bem assim, a título de valorização patrimonial daqueles valores ou direitos, independentemente do índice utilizado para a respetiva determinação, derivados de planos de subscrição, de atribuição ou outros de efeito equivalente, criados em benefício de trabalhadores ou membros de órgãos sociais, mesmo que o pagamento ou colocação à disposição ocorra apenas após a cessação da relação de trabalho ou de mandato social;
9) Os *resultantes da utilização pessoal pelo trabalhador ou membro de órgão social de viatura automóvel que gere encargos para a entidade patronal*, quando exista acordo escrito entre o trabalhador ou membro do órgão social e a entidade patronal sobre a imputação àquele da referida viatura automóvel;
10) Os *resultantes da aquisição pelo trabalhador ou membro de órgão social*, por preço inferior ao valor de mercado, de qualquer viatura que tenha originado encargos para a entidade patronal;
11) As contribuições referidas no n.º 3) da presente alínea, não anteriormente sujeitas a tributação, quando ocorra recebimento em capital, mesmo que estejam reunidos os requisitos exigidos pelos sistemas de segurança social obrigatórios, aplicáveis para a passagem à situação de reforma ou esta se tiver verificado;

c) Os abonos para falhas devidos a quem, no seu trabalho, tenha de movimentar numerário, na parte em que excedam 5% da remuneração mensal fixa;
d) As ajudas de custo e as importâncias auferidas pela utilização de automóvel próprio em serviço da entidade patronal, na parte em que ambas excedam os limites legais ou quando não sejam observados os pressupostos da sua atribuição aos servidores do Estado e as verbas para despesas de deslocação, viagens ou representação de que não tenham sido prestadas contas até ao termo do exercício;

e) Quaisquer indemnizações resultantes da constituição, extinção ou modificação de relação jurídica que origine rendimentos do trabalho dependente, incluindo as que respeitem ao incumprimento das condições contratuais ou sejam devidas pela mudança de local de trabalho, sem prejuízo do disposto no número seguinte e na alínea f) do n.º 1 do artigo seguinte;
f) A quota-parte, acrescida dos descontos para a segurança social que constituam encargos do beneficiário, devida a título de participação nas companhas de pesca aos pescadores que limitem a sua atuação à prestação de trabalho;
g) As gratificações auferidas pela prestação ou em razão da prestação do trabalho, quando não atribuídas pela respetiva entidade patronal;
h) As indemnizações não previstas na alínea e) que visem compensar perdas de rendimentos desta categoria e que não correspondam a prestações sociais.

4 Quando, por qualquer forma, cessem os contratos subjacentes às situações referidas nas alíneas a), b) e c) do n.º 1, mas sem prejuízo do disposto na alínea d) do mesmo número, quanto às prestações que continuem a ser devidas mesmo que o contrato de trabalho não subsista, ou se verifique a cessação das funções de gestor público, administrador ou gerente de pessoa coletiva, bem como de representante de estabelecimento estável de entidade não residente, as importâncias auferidas, a qualquer título, ficam sempre sujeitas a tributação:
a) Pela sua totalidade, na parte que corresponda ao exercício de funções de gestor público, administrador ou gerente de pessoa coletiva, bem como de representante de estabelecimento estável de entidade não residente;
b) Na parte que exceda o valor correspondente ao valor médio das remunerações regulares com carácter de retribuição sujeitas a imposto, auferidas nos últimos 12 meses, multiplicado pelo número de anos ou fração de antiguidade ou de exercício de funções na entidade devedora, nos demais casos, salvo quando nos 24 meses seguintes seja criado novo vínculo profissional ou empresarial, independentemente da sua natureza, com a mesma entidade, caso em que as importâncias serão tributadas pela totalidade.

5 Para efeitos do referido no número anterior, considera-se também criado um novo vínculo empresarial quando sejam estabelecidas com a entidade com a qual cessaram as relações laborais, comerciais ou de prestação de serviços, por sociedade ou outra entidade em que, pelo menos, 50% do seu capital seja detido, isoladamente ou em conjunto com algum dos elementos do respetivo agregado familiar, pelo beneficiário ou por uma pluralidade de beneficiários das importâncias recebidas, exceto se as referidas relações laborais, comerciais ou de prestação de serviços

representarem menos de 50% das vendas ou prestações de serviços efetuadas no exercício.

6 O regime previsto no n.º 4 não é aplicável às importâncias relativas aos direitos vencidos durante os referidos contratos ou situações, designadamente remunerações por trabalho prestado, férias, subsídios de férias e de Natal.

7 As importâncias referidas no n.º 4 serão também tributadas pela totalidade quando o sujeito passivo tenha beneficiado, nos últimos cinco anos, da não tributação total ou parcial nele prevista.

8 (Revogado.)

9 Para efeitos do disposto no n.º 3) da alínea b) do n.º 3, consideram-se direitos adquiridos aqueles cujo exercício não depende da manutenção do vínculo laboral, ou como tal considerado para efeitos fiscais, do beneficiário com a respetiva entidade patronal.

10 Considera-se entidade patronal toda a que pague ou coloque à disposição remunerações que, nos termos deste artigo, constituam rendimentos de trabalho dependente, sendo a ela equiparada qualquer outra entidade que com ela esteja em relação de grupo, domínio ou simples participação, independentemente da respetiva localização geográfica.

11 Para efeitos da alínea b) do n.º 3, consideram-se rendimentos do trabalho do sujeito passivo os benefícios ou regalias atribuídos pela respetiva entidade patronal a qualquer outra pessoa do seu agregado familiar ou que a ele esteja ligado por vínculo de parentesco ou afinidade até ao 3.º grau da linha colateral, ao qual se equipara a relação de cada um dos unidos de facto com os parentes do outro.

12 (Revogado.)

13 Para efeitos do n.º 10) da alínea b) do n.º 3, presume-se que a viatura foi adquirida pelo trabalhador ou membro do órgão social, quando seja registada no seu nome, no de qualquer pessoa que integre o seu agregado familiar ou no de outrem por si indicada, no prazo de dois anos a contar do exercício em que a viatura deixou de originar encargos para a entidade patronal.

14 Os limites legais previstos neste artigo serão os anualmente fixados para os servidores do Estado.

15 Consideram-se incluídas na alínea c) do n.º 1 as remunerações auferidas na qualidade de deputado ao Parlamento Europeu.

Artigo 2.º-A

Delimitação negativa dos rendimentos da categoria A

1 Não se consideram rendimentos do trabalho dependente:

a) As prestações efetuadas pelas entidades patronais para regimes obrigatórios de segurança social, ainda que de natureza privada, que visem assegurar exclusivamente benefícios em caso de reforma, invalidez ou sobrevivência;

b) Os benefícios imputáveis à utilização e fruição de realizações de utilidade social e de lazer mantidas pela entidade patronal, desde que observados os critérios estabelecidos no artigo 43.º do Código do IRC e os 'vales infância' emitidos e atribuídos nas condições previstas no Decreto-Lei n.º 26/99, de 28 de janeiro;

c) As prestações relacionadas exclusivamente com ações de formação profissional dos trabalhadores, quer estas sejam ministradas pela entidade patronal, quer por organismos de direito público ou entidade reconhecida como tendo competência nos domínios da formação e reabilitação profissionais pelos ministérios competentes;

d) As importâncias suportadas pelas entidades patronais com a aquisição de passes sociais a favor dos seus trabalhadores, desde que a atribuição dos mesmos tenha carácter geral;

e) As importâncias suportadas pelas entidades patronais com seguros de saúde ou doença em benefício dos seus trabalhadores ou respetivos familiares desde que a atribuição dos mesmos tenha carácter geral;

f) As importâncias suportadas pelas entidades patronais com encargos, indemnizações ou compensações, pagos no ano da deslocação, em dinheiro ou em espécie, devidos pela mudança do local de trabalho, quando este passe a situar-se a uma distância superior a 100 km do local de trabalho anterior, na parte que não exceda 10% da remuneração anual, com o limite de (euro) 4 200 por ano.

2 Não constituem rendimentos do trabalho dependente os auferidos após a extinção do contrato de trabalho, sempre que o titular seja colocado numa situação equivalente à de reforma, segundo o regime de segurança social que lhe seja aplicável.

3 Não constitui rendimento do trabalho dependente a percentagem dos rendimentos brutos da categoria A dos sujeitos passivos que se encontrem na situação prevista na alínea d) do n.º 1 do artigo 16.º, fixada por despacho dos membros do Governo responsáveis pelas áreas dos negócios estrangeiros e das finanças, determinada para cada país de exercício de funções e adequada a ter em conta a relação de paridade de poder de compra entre Portugal e esse país.

4 O disposto no número anterior é apenas aplicável aos sujeitos passivos que não aufiram de abono isento ou não sujeito a IRS que corresponda também àquela finalidade.

5 Cada sujeito passivo apenas pode aproveitar da exclusão prevista na alínea f) do n.º 1 uma vez em cada período de três anos.

J) CONCEITO DE REGULARIDADE

➡ Considera-se que uma *prestação* reveste *carácter de regularidade* quando *constitui direito do trabalhador*, por se *encontrar preestabelecida* segundo critérios objetivos e gerais, ainda que condicionais, por forma a este *poder contar com o seu recebimento* e *a sua concessão* ter lugar *com uma frequência igual ou inferior a cinco anos* (artigo 47.º do Código dos Regimes Contributivos).

K) VALORES EXCLUÍDOS DA BASE DE INCIDÊNCIA

De acordo com o artigo 48.º do Código dos Regimes Contributivos *não integram a base de incidência contributiva, designadamente:*

- Os *valores compensatórios* pela *não concessão de férias ou de dias de folga;*
- As *importâncias atribuídas* a título de *complemento de prestações do regime geral de segurança social;*
- Os *subsídios concedidos a trabalhadores* para *compensação de encargos familiares,* nomeadamente *os relativos à frequência de creches, jardins de infância, estabelecimentos de educação, lares de idosos* e *outros serviços ou estabelecimentos de apoio social;*
- Os *subsídios eventuais* destinados ao *pagamento de despesas* com *assistência médica e medicamentos do trabalhador e seus familiares;*
- Os *valores* correspondentes a *subsídios de férias, de Natal* e outros análogos relativos a bases de incidência convencionais;
- Os *valores das refeições* tomadas pelos *trabalhadores* em *refeitórios das respetivas entidades empregadoras;*
- As *importâncias* atribuídas *ao trabalhador* a título de *indemnização,* por força de *declaração judicial da ilicitude do despedimento;*

- A *compensação por cessação do contrato de trabalho* no caso de despedimento coletivo, por extinção do posto de trabalho, por inadaptação, por não concessão de aviso prévio, por caducidade e por resolução por parte do trabalhador;
- A *indemnização paga ao trabalhador* pela cessação, *antes de findo o prazo convencional,* do contrato de trabalho a prazo;
- As *importâncias referentes ao desconto concedido aos trabalhadores* na aquisição de ações da própria entidade empregadora ou de sociedades dos grupos empresariais da entidade empregadora.

Prevê o artigo 119.º do Código dos Regimes Contributivos que, para efeitos contributivos do trabalho em regime horário e diário, os valores da remuneração por dia e por hora são calculados sobre a base de incidência contributiva considerada para este regime de trabalho (valor do IAS), de acordo com as seguintes fórmulas:

$$Rd = IAS/30$$

$$Rh = (IAS \times 12) / (52 \times 40)$$

Sendo que:

IAS = Valor do indexante dos apoios sociais
Rd = Valor da remuneração diária
Rh = Valor da remuneração horária

L) TAXAS CONTRIBUTIVAS

I) VALOR DA TAXA CONTRIBUTIVA GLOBAL[32]

A *taxa contributiva global do regime geral* correspondente ao elenco das eventualidades protegidas é de *34,75%*, cabendo *23,75% à entidade empregadora* e *11%* ao *trabalhador*, sem prejuízo da possibilidade de fixação, seguindo o *princípio geral de adequação da taxa* (preceituado no artigo 54.º do Código dos Regimes Contributivos), de taxas contributivas aplicáveis a categorias de trabalhadores ou a situações

[32] Art.os 53.º e 54.º do Código dos Regimes Contributivos

específicas por referência ao custo de proteção social de cada uma das eventualidades garantidas (doença, parentalidade, desemprego, doenças profissionais, invalidez, velhice e morte), sendo este custo calculado em função do valor de cada uma das parcelas referidas no artigo 50.º do Código dos Regimes Contributivos.

II) FIXAÇÃO DE TAXAS CONTRIBUTIVAS MAIS FAVORÁVEIS

A fixação de *taxas contributivas mais favoráveis* do que a *taxa contributiva global do regime geral* — possibilidade prevista no artigo 56.º do Código dos Regimes Contributivos — traduz-se na redução da taxa contributiva global na parte imputável à entidade empregadora, ao trabalhador ou a ambos, conforme o interesse que se visa proteger e depende da verificação de uma das seguintes situações:

- Redução do âmbito material do regime geral;
- Prossecução de atividades por entidades sem fins lucrativos;
- Setores de atividade economicamente débeis;
- Adoção de medidas de estímulo ao aumento de postos de trabalho;
- Adoção de medidas de estímulo ao emprego relativas a trabalhadores que, por razões de idade, incapacidade para o trabalho ou de inclusão social sejam objeto de menor procura no mercado de trabalho;
- Inexistência de entidade empregadora.

As taxas contributivas mais favoráveis referentes às situações atrás previstas são calculadas por harmonia com o custo das eventualidades protegidas e a relação custo/benefício das mesmas.

Quando do cálculo da taxa contributiva, efetuada de acordo com o exposto anteriormente, resulte um valor expresso em centésimas, este é arredondado para a primeira casa decimal.

III) ISENÇÃO OU REDUÇÃO TEMPORÁRIA DE TAXAS CONTRIBUTIVAS

Prevê o artigo 57.º do Código dos Regimes Contributivos a possibilidade de poderem ser estabelecidas medidas excecionais e temporárias de incentivo ao emprego que determinam a *isenção* ou *redução* da *taxa contributiva*, com o objetivo de promover:

1 O aumento de postos de trabalho;
2 A reinserção profissional de pessoas afastadas do mercado de trabalho;
3 A permanência dos trabalhadores em condições de acesso à pensão de velhice nos seus postos de trabalho.

Essas medidas excecionais são estabelecidas nos termos do disposto em secção específica do Código dos Regimes Contributivos e por diploma legal próprio.

IV) CONDIÇÕES PARA A ISENÇÃO OU REDUÇÃO DA TAXA CONTRIBUTIVA

São condições para a concessão e manutenção da isenção ou redução da taxa contributiva atrás previstas, com exceção das resultantes da redução do âmbito material, a verificação da situação contributiva regularizada perante a segurança social e a administração fiscal (*tal como preconiza o artigo 36.º do Decreto Regulamentar n.º 1-A/2011, de 3 de janeiro, na sua redação atual, diploma este que procede à regulamentação do Código dos Regimes Contributivos do Sistema Previdencial de Segurança Social*).

V) ACUMULAÇÃO DE SITUAÇÕES DETERMINANTES DE TAXAS CONTRIBUTIVAS MAIS FAVORÁVEIS[33]

Sem prejuízo de:

- *As entidades empregadoras*, no que respeita a trabalhadores abrangidos por esquemas contributivos com taxas inferiores à estabelecida para a generalidade dos trabalhadores por conta de outrem, com exceção das entidades cuja redução de taxa resulte do facto de serem pessoas coletivas sem fins lucrativos ou por pertencerem a sectores considerados no Código dos Regimes Contributivos como economicamente débeis, e no que respeita a trabalhadores abrangidos por bases de incidência fixadas em valores inferiores à remuneração real ou convencionais, *não poderem beneficiar de medidas fixadas pelo Governo de isenção ou diferimento contributivo, total ou parcial, que se destinem ao*

[33] *Vide* art.º 58.º do Código dos Regimes Contributivos

estímulo à criação de postos de trabalho e à reinserção profissional de pessoas afastadas do mercado de trabalho (artigo 101.º do Código dos Regimes Contributivos):

- A coexistência de situações determinantes da redução das *taxas contributivas respeitantes às entidades empregadoras* em função dos mesmos trabalhadores não pode dar lugar à respetiva aplicação cumulativa, devendo ser-lhes oficiosamente aplicada a taxa mais favorável.

De igual modo:

- A coexistência de situações determinantes da redução das *taxas contributivas respeitantes a um trabalhador* não pode dar lugar à respetiva aplicação cumulativa, devendo ser-lhe oficiosamente aplicada a taxa mais favorável.

SECÇÃO C

REGIMES APLICÁVEIS A TRABALHADORES INTEGRADOS EM CATEGORIAS OU SITUAÇÕES ESPECÍFICAS

A) TRABALHADORES COM ÂMBITO MATERIAL DE PROTEÇÃO REDUZIDO

Regime aplicável a membros dos órgãos estatutários das pessoas coletivas e entidades equiparadas[34]

São *obrigatoriamente abrangidos pelo regime geral,* com as especificidades previstas em subsecção própria do Código dos Regimes Contributivos, *na qualidade de beneficiários, os membros dos órgãos estatutários das pessoas coletivas e entidades equiparadas,* ainda que sejam seus sócios ou membros.

São, designadamente, *membros dos órgãos estatutários das pessoas coletivas ou equiparadas*:

- Os *administradores, diretores* e *gerentes* das sociedades e das cooperativas;
- Os *administradores de pessoas coletivas gestoras ou administradoras de outras pessoas coletivas,* quando contratados a título de mandato para aí exercerem

[34] *Vide* art.os 61.º a 70.º do Código dos Regimes Contributivos.

funções de administração, desde que a responsabilidade pelo pagamento das respetivas remunerações seja assumida pela entidade administrada;

- Os *gestores de empresas públicas ou de outras pessoas coletivas*, qualquer que seja o fim prosseguido, que não se encontrem obrigatoriamente abrangidos pelo regime de proteção social convergente dos trabalhadores em funções públicas e que não tenham optado, nos termos legais, por diferente regime de proteção social de inscrição obrigatória;
- Os *membros dos órgãos internos de fiscalização das pessoas coletivas*, qualquer que seja o fim prosseguido, que não se encontrem obrigatoriamente abrangidos pelo regime de proteção social convergente dos trabalhadores em funções públicas e que não tenham optado, nos termos legais, por diferente regime de proteção social de inscrição obrigatória;
- Os *membros dos demais órgãos estatutários das pessoas coletivas*, qualquer que seja o fim prosseguido, que não se encontrem obrigatoriamente abrangidos pelo regime de proteção social convergente dos trabalhadores em funções públicas e que não tenham optado, nos termos legais, por diferente regime de proteção social de inscrição obrigatória.

São excluídas as seguintes pessoas singulares[35]:

- Os membros de órgãos estatutários de pessoas coletivas sem fim lucrativo que não recebam pelo exercício da respetiva atividade qualquer tipo de remuneração;
- Os sócios que, nos termos do pacto social, detenham a qualidade de gerentes, mas não exerçam de facto essa atividade, nem aufiram a correspondente remuneração;
- Os trabalhadores por conta de outrem eleitos, nomeados ou designados para cargos de gestão nas entidades a cujo quadro pertencem, cujo contrato de trabalho na data em que iniciaram as funções de gestão tenha sido celebrado há pelo menos um ano e tenha determinado inscrição obrigatória em regime de proteção social;

[35] A este propósito importa consultar o art.º 38.º do Decreto-Regulamentar n.º 1-A/2011, de 3 de janeiro na sua redação atual, que indica, para determinadas situações, quais os elementos de prova a considerar para a exclusão do regime aplicável aos membros dos órgãos estatutários.

- Os sócios-gerentes de sociedades constituídas exclusivamente por profissionais incluídos na mesma rubrica da lista anexa ao Código do Imposto sobre o Rendimento das Pessoas Singulares e cujo fim social seja o exercício daquela profissão;
- As pessoas que, integrando as situações referidas no ponto anterior, sejam nomeadas por imperativo legal para funções a que corresponda inscrição em lista oficial especialmente elaborada para esse efeito, identificativa das pessoas habilitadas para o exercício de tais funções, designadamente as correspondentes às funções de gestores judiciais ou revisores oficiais de contas;
- Os membros dos órgãos estatutários das sociedades de agricultura de grupo;
- Os liquidatários judiciais.

Exclusão nos casos de acumulação com outra atividade ou situação de pensionista[36]

São ainda excluídos *os membros de órgãos estatutários de pessoas coletivas com fins lucrativos* que não recebam, pelo exercício da respetiva atividade, qualquer tipo de remuneração e se encontrem numa das seguintes situações:

- *Sejam abrangidos por regime obrigatório de proteção social em função do exercício de outra atividade em acumulação com aquela* pela qual aufiram rendimento superior a uma vez o valor do IAS;
- *Sejam pensionistas de invalidez ou de velhice de regimes obrigatórios de proteção social, nacionais ou estrangeiros.*

Consideram-se *regimes obrigatórios de proteção social*, para efeitos dos pontos anteriores:

- *O regime geral de segurança social dos trabalhadores por conta de outrem*, ainda que com âmbito material reduzido;
- *O regime de segurança social dos trabalhadores independentes;*
- *O regime de proteção convergente dos trabalhadores que exercem funções públicas;*

[36] *Idem* nota 33.

- *O regime que abrange os advogados e solicitadores;*
- *Os regimes de proteção social estrangeiros relevantes para efeitos de coordenação com os regimes de segurança social portugueses.*

Base de incidência contributiva dos membros dos órgãos estatutários

Sem prejuízo do disposto no regime geral dos trabalhadores por conta de outrem relativamente às respetivas bases de incidência contributiva, *a base de incidência contributiva dos membros dos órgãos estatutários* corresponde ao *valor das remunerações efetivamente auferidas em cada uma das pessoas coletivas em que exerçam atividade*, com o limite mínimo igual ao valor do IAS.

Este limite mínimo *não se aplica* nos casos de acumulação da atividade de membro de órgão estatutário com outra atividade remunerada que determine a inscrição em regime obrigatório de proteção social ou com a situação de pensionista desde que o valor da base de incidência considerado para o outro regime de proteção social ou de pensão seja igual ou superior ao valor do IAS.

Remunerações especialmente abrangidas

Integram, *em especial*, a remuneração dos membros dos órgãos estatutários:

- Os montantes pagos a título de gratificação, desde que atribuídos em função do exercício da atividade de gerência sem adstrição à qualidade de sócio e sem que sejam imputáveis aos lucros, os quais devem ser parcelados por referência aos meses a que se reportam;
- Os montantes pagos a título de senhas de presença.

Taxa contributiva relativa aos membros dos órgãos estatutários

A *taxa contributiva* relativa aos *membros dos órgãos estatutários* é de *29,6%*, sendo, respetivamente, de *20,3%* e de *9,3%* para as *entidades empregadoras* e para os *trabalhadores*.

Para os *membros das pessoas coletivas* que exerçam *funções de gerência ou de administração*, a *taxa contributiva* é de *34,75%*, sendo, respetivamente, de *23,75%*

e de *11%* para as *entidades empregadoras* e para os *trabalhadores*, ou seja, é aplicada a *taxa contributiva global do regime geral.*

Cessação de atividade dos membros dos órgãos estatutários[37]

Para efeitos da relação jurídica contributiva, os membros dos órgãos estatutários cessam a respetiva atividade nos termos do contrato por destituição, renúncia ou quando se verificar o encerramento da liquidação da empresa.

Os membros dos órgãos estatutários podem requerer a cessação da respetiva atividade, a título excecional, desde que a pessoa coletiva tenha cessado atividade para efeitos de IVA e não tenha trabalhadores ao seu serviço.

Trabalhadores em regime de contrato de trabalho de muito curta duração[38]

Os *trabalhadores em regime de contrato de trabalho de muito curta duração*[39] são abrangidos pelo *regime geral*, com as especificidades abaixo enunciadas, nos termos do disposto na legislação laboral.

As especificidades do regime de contrato de trabalho de muito curta duração são as seguintes:

- Os trabalhadores em regime de contrato de trabalho de muito curta duração têm direito à proteção nas eventualidades de *invalidez, velhice e morte.*
- Constitui *base de incidência contributiva* para este regime *a remuneração convencional calculada com base no número de horas de trabalho prestado e na remuneração horária.*

---

[37] A este propósito importa consultar o art.º 39.º do Decreto-Regulamentar n.º 1-A/2011, de 3 de janeiro na sua redação atual, que indica quais as formas mediante as quais a instituição de segurança social competente procede ao registo da cessação de atividade dos membros dos órgãos estatutários.

[38] *Vide* art.os 80.º a 83.º do Código dos Regimes Contributivos.

[39] A este propósito importa consultar os art.os 16.º e 41.º do Decreto-Regulamentar n.º 1-A/2011, de 3 de janeiro na sua redação atual, que, para os contratos de trabalho de muito curta duração, preveem, respetivamente, os critérios a considerar para a declaração dos tempos de trabalho, e a forma e conteúdo da comunicação de admissão de trabalhadores.

- A *remuneração horária* é calculada de acordo com a seguinte fórmula:

  $$Rh = (IAS \times 12) / (52 \times 40)$$

  Sendo:
  Rh = Valor da remuneração horária
  IAS = Valor do indexante dos apoios sociais

- A *taxa contributiva* relativa aos *trabalhadores em regime de contrato de trabalho de muito curta duração* é de *26,1% da responsabilidade das entidades empregadoras.*

Jovens em férias escolares[40]

Os *jovens a frequentar estabelecimento de ensino oficial ou autorizado que prestem trabalho durante o período de férias escolares* são abrangidos pelo *regime geral*, com as especificidades abaixo enunciadas, nos termos do disposto na legislação laboral.[41]

As especificidades deste regime são as seguintes:

- Os jovens em férias escolares têm direito à proteção nas eventualidades de *invalidez, velhice e morte.*
- Constitui *base de incidência contributiva a remuneração convencional calculada com base no número de horas de trabalho prestado e na remuneração horária.*
- A *remuneração horária* é calculada de acordo com a seguinte fórmula:

  $$Rh = (IAS \times 12) / (52 \times 40).$$

  Sendo:
  Rh = Valor da remuneração horária
  IAS = Valor do indexante dos apoios sociais

[40] *Vide* art.os 83.º-A a 83.º-D do Código dos Regimes Contributivos.

[41] A este propósito importa consultar o art.º 42-A do Decreto-Regulamentar n.º 1-A/2011, de 3 de janeiro na sua redação atual, onde é prescrito o enquadramento, para efeitos de Segurança Social, de jovens contratados no período de férias escolares.

- A *taxa contributiva* relativa aos *jovens que prestem trabalho durante o período de férias escolares* é de *26,1% da responsabilidade das entidades empregadoras.*

Trabalhadores em situação de pré-reforma[42]

Os trabalhadores por conta de outrem com 55 ou mais anos que nos termos estabelecidos na legislação laboral tenham celebrado acordo de pré-reforma com as respetivas entidades empregadoras são abrangidos pelo *regime geral*, com as especificidades a seguir enunciadas:

- O regime em questão aplica-se aos trabalhadores a que se refere o parágrafo anterior, até ao momento em que completem a idade normal de acesso à pensão por velhice acrescida do número de meses necessários à compensação do fator de sustentabilidade nos termos previstos no Decreto-Lei n.º 187/2007, de 10 de maio, alterado pela Lei n.º 64-A/2008, de 31 de dezembro, salvo se até essa data ocorrer a extinção do acordo.
- *São excluídos do regime da pré-reforma* os trabalhadores cujo âmbito de proteção não integre as eventualidades de invalidez, velhice e morte.
- *Os trabalhadores em regime de pré-reforma* mantêm o direito à proteção nas eventualidades garantidas no âmbito do *regime geral*, sem prejuízo do disposto nos parágrafos seguintes:

    - Nas situações em que o acordo de pré-reforma estabeleça a suspensão da prestação de trabalho, não é reconhecido o direito à proteção nas eventualidades de doença, doenças profissionais, parentalidade e desemprego;
    - Nas situações de redução da prestação de trabalho, o trabalhador mantém o direito à proteção garantida no âmbito do *regime geral*, com base na remuneração auferida referente ao trabalho prestado;
    - O exercício de outra atividade remunerada que determine a entrada de contribuições no sistema previdencial não afasta o disposto no parágrafo anterior.

---

[42] *Vide* art.ºs 84.º a 88.º do Código dos Regimes Contributivos.

Base de incidência contributiva

A *base de incidência contributiva* para os *trabalhadores em situação de pré-reforma* corresponde ao valor da remuneração que serviu de base ao cálculo da prestação de pré-reforma.

Taxa contributiva[43]

Relativamente aos trabalhadores em situação de pré-reforma com o direito à proteção garantida no âmbito do regime geral é mantida a taxa contributiva que lhes era aplicada no momento da passagem à situação de pré-reforma.

A *taxa contributiva* relativa aos trabalhadores em situação de pré-reforma com o âmbito de proteção previsto para as situações em que o acordo de pré-reforma estabeleça a suspensão da prestação de trabalho é de 26,9%, sendo, respetivamente, de 18,3% e de 8,6% para as *entidades empregadoras* e para os *trabalhadores.*

Pensionistas em atividade[44]

Os *pensionistas de invalidez e velhice de qualquer regime de proteção social que cumulativamente exerçam atividade profissional* são abrangidos pelo *regime geral*[45], com as especificidades a seguir enunciadas:

- Os *pensionistas de invalidez* têm direito à proteção nas eventualidades de *parentalidade, doenças profissionais, invalidez, velhice e morte;*

---

[43] Importa ter em atenção que, no âmbito das *situações especiais* previstas no art.º 273.º do Código dos Regimes Contributivos, para os trabalhadores em situação de pré-reforma abrangidos pelo Decreto-Lei n.º 261/91, de 25 de julho, com carreira contributiva inferior a 37 anos, a taxa contributiva é de 21,6%, sendo, respetivamente, de 14,6% e de 7% para as entidades empregadoras e para os trabalhadores (conforme alínea h) do n.º 1 do art.º 273.º do Código dos Regimes Contributivos).

[44] *Vide* art.ºs 89.º a 91.º do Código dos Regimes Contributivos.

[45] A este propósito importa consultar o art.º 44.º do Decreto-Regulamentar n.º 1-A/2011, de 3 de janeiro na sua redação atual, onde é definida a forma como é feita a prova da situação de pensionista, para efeitos do enquadramento, pela instituição de segurança social, dos pensionistas de invalidez e velhice de qualquer regime de proteção social que cumulativamente exerçam atividade profissional.

- Os *pensionistas de velhice* têm direito à proteção nas eventualidades de *parentalidade, doenças profissionais, velhice e morte*;
- Os *pensionistas de invalidez ou velhice em exercício de funções públicas* têm ainda direito à *proteção na eventualidade de doença*.

Taxa contributiva

- A *taxa contributiva* relativa aos *pensionistas de invalidez* é de 28,2%, sendo, respetivamente, de 19,3% e de 8,9% para as *entidades empregadoras* e para os *trabalhadores*;
- A *taxa contributiva* relativa aos *pensionistas de velhice* é de 23,9%, sendo, respetivamente, de 16,4% e de 7,5% para as *entidades empregadoras* e para os *trabalhadores*;
- A *taxa contributiva* relativa aos *pensionistas de invalidez em exercício de funções públicas* é de 29,6%, sendo respetivamente de 20,4% e 9,2% para as *entidades empregadoras* e para os *trabalhadores*;
- A *taxa contributiva* relativa aos *pensionistas de velhice em exercício de funções públicas* é de 25,3%, sendo respetivamente de 17,5% e 7,8% para as *entidades empregadoras* e para os *trabalhadores*.

Trabalhadores em regime de trabalho intermitente[46]

Os *trabalhadores com contrato de trabalho intermitente*[47] *ou em exercício intermitente da prestação de trabalho* são abrangidos pelo *regime geral*, com as especificidades a seguir mencionadas, nos termos do disposto na legislação laboral aplicável.

---

[46] *Vide* art.ºs 92.º a 94.º do Código dos Regimes Contributivos.

[47] *Vide* os art.ºs 16.º e 45.º do Decreto-Regulamentar n.º 1-A/2011, de 3 de janeiro na sua redação atual, que, para os contratos de trabalho intermitente, preveem, respetivamente, os critérios a considerar para a declaração dos tempos de trabalho e a forma como deve ser provada, perante a instituição de segurança social competente, a existência de contrato de trabalho intermitente.

Base de incidência contributiva

Sem prejuízo do disposto no artigo 46.º do Código dos Regimes Contributivos (onde se define o que são consideradas remunerações para efeitos de delimitação da base de incidência contributiva no âmbito do regime geral dos trabalhadores por conta de outrem), no regime de trabalho intermitente a *base de incidência contributiva* corresponde à *remuneração base auferida pelo trabalhador no período de atividade* e à *compensação retributiva nos períodos de inatividade.*

De acordo com o artigo 94.º do Código dos Regimes Contributivos:

Registo de remuneração por equivalência[48]

Durante o período de inatividade a diferença entre a *compensação retributiva paga ao trabalhador* e *a sua remuneração* é registada por equivalência à entrada de contribuições.

Sempre que durante o período de inatividade o trabalhador exerça outra atividade profissional, só é registada por equivalência a diferença entre a remuneração desta atividade e a correspondente ao período de atividade no contrato de trabalho intermitente.

Trabalhadores ao serviço de entidades empregadoras sem fins lucrativos[49]

As *entidades empregadoras sem fins lucrativos* têm direito à *redução da taxa contributiva global* nos termos a seguir enunciados:

A *taxa contributiva relativa a trabalhadores de entidades sem fins lucrativos* é determinada em função do *âmbito material de proteção* e pela dedução da percentagem imputada à *parcela da solidariedade laboral correspondente ao respetivo âmbito material.*

---

[48] A este propósito importa consultar o art.º 46.º do Decreto-Regulamentar n.º 1-A/2011, de 3 de janeiro na sua redação atual, onde são definidos os critérios para o registo de remunerações por equivalência previsto no art.º 94.º do Código dos Regimes Contributivos.

[49] *Vide* art.ºs 110.º a 112.º do Código dos Regimes Contributivos, onde encontramos as disposições gerais sobre este tema.

O que aqui se expõe relativamente às *entidades empregadoras sem fins lucrativos* não é aplicável às entidades e serviços públicos, nomeadamente às entidades da administração direta e indireta do Estado, das regiões autónomas e da administração local, bem como às respetivas instituições personalizadas ou de utilidade pública.[50]

Entidades abrangidas

Para efeitos do Código dos Regimes Contributivos consideram-se *entidades sem fins lucrativos*, nomeadamente, as seguintes:

- Instituições particulares de solidariedade social;
- Igrejas, associações e confissões religiosas;
- Associações, fundações, comissões especiais e cooperativas;
- Associações de empregadores, sindicatos e respetivas uniões, federações e confederações;
- Ordens profissionais;
- Partidos políticos;
- Casas do povo;
- Caixas de crédito agrícola mútuo;
- Entidades empregadoras do pessoal do serviço doméstico;
- Condomínios de prédios urbanos.

Taxa contributiva

A *taxa contributiva relativa aos trabalhadores de entidades sem fins lucrativos* é, quando referente a todas as eventualidades, de *33,3%*, sendo, respetivamente, de *22,3%* e de *11%* para as *entidades empregadoras* e para os *trabalhadores*.

---

[50] *Vide* o art.os 90.º do Decreto-Regulamentar n.º 1-A/2011, de 3 de janeiro na sua redação atual, onde é definida a taxa contributiva aplicável, a cargo do Instituto Camões, I. P., para o ensino de português no estrangeiro.

CAPÍTULO VIII
O PROCESSAMENTO DE CRÉDITOS LABORAIS DECORRENTE DA CESSAÇÃO DO CONTRATO DE TRABALHO

SECÇÃO A

CRÉDITOS LABORAIS A RECEBER PELO TRABALHADOR AQUANDO DA CESSAÇÃO DO CONTRATO DE TRABALHO

Cessado o contrato de trabalho, deverão ser pagos ao trabalhador os seguintes *créditos laborais:*

I – RETRIBUIÇÃO DE FÉRIAS E RESPETIVO SUBSÍDIO

Aquando da cessação do contrato de trabalho, o trabalhador tem direito a receber a *retribuição de férias* e *respetivo subsídio* (artigo 245.º do Código do Trabalho):

1 Correspondentes a *férias vencidas e não gozadas,* sendo o período de férias considerado para efeitos de antiguidade;
2 Proporcionais ao *tempo de serviço prestado no ano da cessação.*

Caso a *cessação do contrato ocorra no ano civil subsequente ao da admissão* ou cuja *duração não ultrapasse os 12 meses,* o cômputo total das férias ou da correspondente retribuição a que o trabalhador tenha direito não pode exceder o proporcional ao período anual de férias tendo em conta a duração do contrato.

Caso a *cessação do contrato ocorra após impedimento prolongado do trabalhador,* este tem *direito à retribuição e ao subsídio de férias correspondentes ao tempo de serviço prestado no ano de início da suspensão.*

Caso a *cessação do contrato de trabalho* esteja *sujeita a aviso prévio, pode o empregador determinar* que *o gozo das férias tenha lugar imediatamente antes da cessação.*

II – SUBSÍDIO DE NATAL

Aquando da cessação do contrato de trabalho, o trabalhador tem direito a *subsídio de Natal*, cujo valor é proporcional ao tempo de serviço prestado no ano civil em que ocorre a cessação do contrato [alínea b) do n.º 2 do artigo 263.º do Código do Trabalho].

Sistematizando o que atrás foi dito:

Aquando da cessação do contrato de trabalho, e sem prejuízo dos créditos laborais cuja determinação depende da modalidade de cessação ou de outras situações específicas, bem como de todos os outros créditos a que o trabalhador possa ter direito, aqueles que, de uma forma geral, deverão ser calculados — sempre que aplicável — e pagos ao trabalhador, são os seguintes:

A *Retribuição referente ao número de dias úteis de férias vencidas e não gozadas;*
B *Subsídio de férias correspondente ao número de dias úteis de férias vencidas e não gozadas;*
C *Parte proporcional de férias* — retribuição de férias proporcional ao tempo de serviço prestado no ano civil da cessação;
D *Parte proporcional do Subsídio de férias* — subsídio de férias proporcional ao tempo de serviço prestado no ano civil da cessação;
E *Parte proporcional do Subsídio de Natal* — subsídio de Natal proporcional ao tempo de serviço prestado no ano civil da cessação.

SECÇÃO B

CRÉDITOS LABORAIS SEGUNDO A MODALIDADE DE CESSAÇÃO DO CONTRATO DE TRABALHO

Além de outras modalidades legalmente previstas, o contrato de trabalho pode cessar por:

- Caducidade;
- Revogação;
- Despedimento por facto imputável ao trabalhador;

- Despedimento coletivo;
- Despedimento por extinção de posto de trabalho;
- Despedimento por inadaptação;
- Resolução pelo trabalhador;
- Denúncia pelo trabalhador.

A) CADUCIDADE DO CONTRATO DE TRABALHO

O contrato de trabalho *caduca* nos termos gerais, nomeadamente:

1 Verificando-se o seu termo;
2 Por impossibilidade superveniente, absoluta e definitiva, de o trabalhador prestar o seu trabalho ou de o empregador o receber;
3 Com a reforma do trabalhador, por velhice ou invalidez.

A – COMPENSAÇÃO EM CASO DE CESSAÇÃO DE CONTRATO A TERMO

A.1 – COMPENSAÇÃO COM A CESSAÇÃO DE CONTRATO DE TRABALHO A TERMO CERTO[51]

Com a caducidade de contrato de trabalho a termo certo por verificação do seu termo, na decorrência de declaração do empregador, o trabalhador tem direito a *compensação* correspondente a *24 dias de retribuição base e diuturnidades por cada ano completo de antiguidade*, calculada nos termos do artigo 366.º do Código do Trabalho (artigo que versa sobre a *compensação por despedimento coletivo*).

A.2 – COMPENSAÇÃO COM A CESSAÇÃO DE CONTRATO DE TRABALHO A TERMO INCERTO[52]

O contrato de trabalho a termo incerto caduca quando, prevendo-se a ocorrência do termo, o empregador comunique a sua cessação ao trabalhador, com a antecedência mínima de sete, 30 ou 60 dias conforme o contrato tenha durado até seis meses, de seis meses a dois anos ou por período superior.

---

51 *Vide* n.º 2 do art.º 344.º do CT.

52 *Vide* art.º 345.º do CT.

Quando haja lugar à contratação de vários trabalhadores, a comunicação referida no parágrafo anterior deve ser feita, sucessivamente, a partir da verificação da diminuição gradual da respetiva ocupação, em consequência da normal redução da atividade, tarefa ou obra para que foram contratados.

Com a caducidade do contrato de trabalho a termo incerto é conferido ao trabalhador o direito a *compensação*, igualmente calculada nos termos do artigo 366.º do Código do Trabalho, correspondente a *24 dias de retribuição base e diuturnidades por cada ano completo de antiguidade.*

Caso não tenha sido feita a comunicação, atrás referida, do empregador ao trabalhador da cessação do contrato de trabalho, o empregador deverá também pagar ao segundo o valor da retribuição correspondente ao período de aviso prévio em falta (artigo 345.º, n.º 3, do Código de Trabalho).

B) CESSAÇÃO DO CONTRATO DE TRABALHO POR ACORDO[53] (REVOGAÇÃO DO CONTRATO DE TRABALHO)

O *empregador* e o *trabalhador* podem fazer cessar o contrato de trabalho *por acordo.*

O *acordo de revogação* deve constar de documento assinado por ambas as partes, ficando cada uma com um exemplar. O documento deve mencionar expressamente a data de celebração do acordo e a do início da produção dos respetivos efeitos, bem como o prazo legal para o exercício do direito de fazer cessar o acordo de revogação.

As partes podem, simultaneamente, acordar outros efeitos, dentro dos limites da lei.

Se, no acordo ou conjuntamente com este, as partes estabelecerem uma *compensação pecuniária global para o trabalhador,* presume-se que esta inclui os créditos vencidos à data da cessação do contrato ou exigíveis em virtude desta.

Cessação do acordo de revogação

O trabalhador pode fazer cessar o acordo de revogação do contrato de trabalho mediante comunicação escrita dirigida ao empregador, até ao sétimo dia seguinte à data da respetiva celebração.

---

[53] Art.ᵒˢ 349.º e 350.º do CT.

O trabalhador, caso não possa assegurar a receção da comunicação no prazo referido no parágrafo anterior, deve remetê-la por carta registada com aviso de receção, no dia útil subsequente ao fim do prazo.

A cessação do acordo de revogação do contrato de trabalho só é eficaz se, em simultâneo com a comunicação, o trabalhador entregar ou colocar, por qualquer forma, à disposição do empregador a totalidade do montante das compensações pecuniárias pagas em cumprimento do acordo, ou por efeito da cessação do contrato de trabalho.

O disposto nos parágrafos anteriores não é aplicado sempre que o acordo de revogação seja devidamente datado e as respetivas assinaturas sejam objeto de reconhecimento notarial presencial, nos termos da lei.

Compensação pecuniária global para o trabalhador pela cessação do contrato de trabalho por acordo[54]

Se o *empregador* e o *trabalhador* fizerem cessar o contrato de trabalho por *acordo* (revogação do contrato de trabalho), e se, no acordo ou conjuntamente com este, as partes estabelecerem uma *compensação pecuniária global para o trabalhador*, presume-se que o montante dessa compensação inclui os créditos vencidos à data da cessação do contrato ou exigíveis em virtude desta, ou seja, todas e quaisquer remunerações ou abonos a que porventura o trabalhador possa ter direito, como remuneração por trabalho suplementar, prémios de diferentes naturezas, diuturnidades, diferenças salariais a pagar a título retroativo, remuneração por trabalho noturno, subsídios de diferentes naturezas, ajudas de custo, subsídio de refeição, ou quaisquer outras remunerações ou abonos, próprios ou não do modo específico de trabalho ou do tipo ou setor de atividade em que se insere o empregador, bem como todos os demais créditos vencidos à data da cessação do contrato de trabalho ou exigíveis em virtude desta.

A compensação pecuniária global para o trabalhador pela cessação do contrato de trabalho por acordo está isenta, parcial ou totalmente, de tributação em sede de IRS (alínea b) do n.º 4, e n.os 6 e 7, do artigo 2.º do Código do IRS), e de contribuições para a Segurança Social [alínea v) do n.º 2, e n.os 3 e 4, do artigo 46.º do Código dos Regimes Contributivos].

[54] Art.º 349.º, n.º 5, do CT.

De notar, no entanto, que tal isenção não é aplicável às importâncias relativas aos direitos vencidos durante o contrato de trabalho, respeitantes a remunerações por trabalho prestado, férias, subsídios de férias e de Natal, pelo que, será aconselhável apresentar estas importâncias em separado, no recibo de vencimento.

A este propósito, e de acordo com o Código do IRS e com o Código dos Regimes Contributivos:

Código do IRS

Artigo 2.º

Rendimentos da categoria A

1 Consideram-se rendimentos do trabalho dependente todas as remunerações pagas ou postas à disposição do seu titular provenientes de:

a) Trabalho por conta de outrem prestado ao abrigo de contrato individual de trabalho ou de outro a ele legalmente equiparado;

b) Trabalho prestado ao abrigo de contrato de aquisição de serviços ou outro de idêntica natureza, sob a autoridade e a direção da pessoa ou entidade que ocupa a posição de sujeito ativo na relação jurídica dele resultante;

c) Exercício de função, serviço ou cargo públicos;

d) Situações de pré-reforma, pré-aposentação ou reserva, com ou sem prestação de trabalho, bem como de prestações atribuídas, não importa a que título, antes de verificados os requisitos exigidos nos regimes obrigatórios de segurança social aplicáveis para a passagem à situação de reforma, ou, mesmo que não subsista o contrato de trabalho, se mostrem subordinadas à condição de serem devidas até que tais requisitos se verifiquem, ainda que, em qualquer dos casos anteriormente previstos, sejam devidas por fundos de pensões ou outras entidades, que se substituam à entidade originariamente devedora.

2 …

3 …

4 Quando, por qualquer forma, cessem os contratos subjacentes às situações referidas nas alíneas a), b) e c) do n.º 1, mas sem prejuízo do disposto na alínea d) do mesmo número, quanto às prestações que continuem a ser devidas mesmo que o contrato de trabalho não subsista, ou se verifique a cessação das funções de gestor público, administrador ou gerente de pessoa coletiva, bem como de representante

de estabelecimento estável de entidade não residente, as importâncias auferidas, a qualquer título, ficam sempre sujeitas a tributação:

a) Pela sua totalidade, na parte que corresponda ao exercício de funções de gestor público, administrador ou gerente de pessoa coletiva, bem como de representante de estabelecimento estável de entidade não residente;
b) Na parte que exceda o valor correspondente ao valor médio das remunerações regulares com caráter de retribuição sujeitas a imposto, auferidas nos últimos 12 meses, multiplicado pelo número de anos ou fração de antiguidade ou de exercício de funções na entidade devedora, nos demais casos, salvo quando nos 24 meses seguintes seja criado novo vínculo profissional ou empresarial, independentemente da sua natureza, com a mesma entidade, caso em que as importâncias serão tributadas pela totalidade.

5 …

6 O regime previsto no n.º 4 não é aplicável às importâncias relativas aos direitos vencidos durante os referidos contratos ou situações, designadamente remunerações por trabalho prestado, férias, subsídios de férias e de Natal.

7 As importâncias referidas no n.º 4 serão também tributadas pela totalidade quando o sujeito passivo tenha beneficiado, nos últimos cinco anos, da não tributação total ou parcial nele prevista.

…

15 …

Código dos Regimes Contributivos

Artigo 46.º

Delimitação da base de incidência contributiva

1 …

2 Integram a base de incidência contributiva, designadamente, as seguintes prestações:

a) …

…

v) A compensação por cessação do contrato de trabalho por acordo apenas nas situações com direito a prestações de desemprego;

…

3 As prestações a que se referem as alíneas l), q), u), v), z) e bb) do número anterior estão sujeitas a incidência contributiva, nos mesmos termos previstos no Código do Imposto sobre o Rendimento das Pessoas Singulares.

4 Para as prestações a que se referem as alíneas p), q), v) e z) do n.º 2, o limite legal previsto pode ser acrescido até 50%, desde que o acréscimo resulte de aplicação, de forma geral por parte da entidade empregadora, de instrumento de regulação coletiva de trabalho.

5 ...

C) DESPEDIMENTO COLETIVO

Noção de despedimento coletivo

Considera-se *despedimento coletivo*[55] a cessação de contratos de trabalho promovida pelo empregador e operada simultânea ou sucessivamente no período de três meses, abrangendo, pelo menos, dois ou cinco trabalhadores, conforme se trate, respetivamente, de microempresa ou de pequena empresa, por um lado, ou de média ou grande empresa, por outro, sempre que aquela ocorrência se fundamente em encerramento de uma ou várias secções ou estrutura equivalente ou redução do número de trabalhadores determinada por motivos de mercado, estruturais ou tecnológicos.

Para o efeito, consideram-se, nomeadamente:

- *Motivos de mercado* — redução da atividade da empresa provocada pela diminuição previsível da procura de bens ou serviços ou impossibilidade superveniente, prática ou legal, de colocar esses bens ou serviços no mercado;
- *Motivos estruturais* — desequilíbrio económico-financeiro, mudança de atividade, reestruturação da organização produtiva ou substituição de produtos dominantes;
- *Motivos tecnológicos* — alterações nas técnicas ou processos de fabrico, automatização de instrumentos de produção, de controlo ou de movimentação de cargas, bem como informatização de serviços ou automatização de meios de comunicação.

---

[55] *Vide* art.º 359.º do CT.

Compensação por despedimento coletivo[56]

Em caso de *despedimento coletivo*, o trabalhador tem direito a *compensação* correspondente a *14 dias de retribuição base e diuturnidades por cada ano completo de antiguidade.*

A compensação é determinada respeitando os seguintes critérios:

- O valor da retribuição base mensal e diuturnidades do trabalhador a considerar para efeitos de cálculo da compensação não pode ser superior a 20 vezes a retribuição mínima mensal garantida;
- O montante global da compensação não pode ser superior a 12 vezes a retribuição base mensal e diuturnidades do trabalhador ou, quando seja aplicável o limite previsto no ponto anterior, a 240 vezes a retribuição mínima mensal garantida;
- O valor diário de retribuição base e diuturnidades é o resultante da divisão por 30 da retribuição base mensal e diuturnidades;
- Em caso de fração de ano, o montante da compensação é calculado proporcionalmente.

CASOS PRÁTICOS

EXEMPLO 1

1. O trabalhador A mantinha uma relação laboral com a empresa Y, ao abrigo de contrato de trabalho sem termo, desde a sua admissão a 12 de abril de 2008;
2. No âmbito de um processo de despedimento coletivo, o trabalhador A foi selecionado como trabalhador a despedir;
3. O contrato de trabalho em questão cessou, no âmbito dessa ação de despedimento coletivo, a 20 de fevereiro de 2020;

[56] Art.º 366.º do CT.

4. À data da cessação do contrato, o trabalhador A auferia as seguintes retribuições mensais:
   - Retribuição base mensal: 1000,00€
   - Diuturnidades: 60,00€

CÁLCULO DA COMPENSAÇÃO 1

(Retribuição base mensal + Diuturnidades) × $\frac{14}{30}$ × n.º de anos completos de antiguidade

(1000,00 + 60,00) × $\frac{14}{30}$ × 11 anos completos de antiguidade

= 5441,33€

Sendo que:

5441,33 < 12 × (1000,00 + 60,00)

Ou seja:

5441,33 < 12 720,00

EXEMPLO 2

1. Qual seria o valor da compensação se, por hipótese, a data de admissão do trabalhador A tivesse sido 5 de maio de 2019, mantendo-se as demais premissas do Exemplo 1?

Resolução:

N.º de dias decorridos entre a data de admissão (05/05/2019) e da cessação do contrato do trabalhador A (20/02/2020): (31 – 4) dias de maio/2019 + 30 dias de junho/2019 + 31 dias de julho/2019 + 31 dias de agosto/2019 + 30 dias de setembro/2019 + 31 dias de outubro/2019 + 30 dias de novembro/2019 + 31 dias de dezembro/2019 + 31 dias de janeiro/2020 + 20 dias de fevereiro/2020 = **292 dias de duração do contrato de trabalho**

Cálculo da compensação 2

$$\left(\text{Retribuição base mensal} + \text{Diuturnidades}\right) \times \frac{\text{N.º de dias de duração do contrato de trabalho}}{\text{N.º de dias do ano civil}}$$

$$(1000{,}00 + 60{,}00) \times \frac{292}{365}$$

$= 848{,}00€$

O empregador é responsável pelo pagamento da totalidade da compensação, sem prejuízo do direito do trabalhador a acionar o fundo de garantia de compensação do trabalho, nos termos previstos em legislação específica.

Presume-se que o trabalhador aceita o despedimento quando recebe do empregador a totalidade da compensação em questão. Esta presunção pode ser ilidida desde que, em simultâneo, o trabalhador entregue ou coloque, por qualquer forma, a totalidade da compensação paga pelo empregador à disposição deste.

No âmbito de contrato de trabalho a termo e de contrato de trabalho temporário, o trabalhador tem direito, quer no caso de caducidade de contrato de trabalho a termo certo por verificação do seu termo, decorrente de declaração do empregador, quer no caso de caducidade de contrato de trabalho a termo incerto, a *compensação* correspondente a *24 dias de retribuição base e diuturnidades por cada ano completo de antiguidade*, calculada nos termos previstos para o cálculo da *Compensação por despedimento coletivo*, atrás expostos.

D) DESPEDIMENTO POR EXTINÇÃO DE POSTO DE TRABALHO

Noção de despedimento por extinção de posto de trabalho

Considera-se *despedimento por extinção de posto de trabalho*[57] a cessação de contrato de trabalho promovida pelo empregador e fundamentada nessa extinção, quando esta seja devida a motivos de mercado, estruturais ou tecnológicos, relativos à empresa.

[57] *Vide* art.º 367.º do CT.

Para o efeito, entende-se por:

- *Motivos de mercado* — a redução da atividade da empresa provocada pela diminuição previsível da procura de bens ou serviços ou impossibilidade superveniente, prática ou legal, de colocar esses bens ou serviços no mercado;
- *Motivos estruturais* — o desequilíbrio económico-financeiro, mudança de atividade, reestruturação da organização produtiva ou substituição de produtos dominantes;
- *Motivos tecnológicos* — as alterações nas técnicas ou processos de fabrico, automatização de instrumentos de produção, de controlo ou de movimentação de cargas, bem como informatização de serviços ou automatização de meios de comunicação.

Direitos de trabalhador em caso de despedimento por extinção de posto de trabalho

Ao trabalhador despedido por extinção do posto de trabalho são conferidos os seguintes direitos:

I – A não observação do prazo mínimo de aviso prévio implica a cessação do contrato decorrido o período de aviso prévio em falta a contar da comunicação de despedimento, devendo o empregador pagar a retribuição correspondente a este período;

II – O empregador deve, até ao termo do prazo de aviso prévio, efetuar o pagamento da compensação, dos créditos vencidos e dos exigíveis por efeito da cessação do contrato de trabalho;

III – Durante o prazo de aviso prévio, o trabalhador tem direito a um crédito de horas correspondente a dois dias de trabalho por semana, sem prejuízo da retribuição;

IV – O crédito de horas pode ser dividido por alguns ou todos os dias da semana, por iniciativa do trabalhador, devendo este comunicar ao empregador a utilização do crédito de horas, com três dias de antecedência, salvo motivo atendível;

V – Durante o prazo de aviso prévio, o trabalhador pode denunciar o contrato de trabalho, mediante declaração com a antecedência mínima de três dias úteis, mantendo o direito a compensação;

VI – O trabalhador tem direito a *compensação*[58] *correspondente a 14 dias de retribuição base e diuturnidades por cada ano completo de antiguidade*, cuja determinação deve respeitar os seguintes critérios:

- O valor da retribuição base mensal e diuturnidades do trabalhador a considerar para efeitos de cálculo da compensação não pode ser superior a 20 vezes a retribuição mínima mensal garantida;
- O montante global da compensação não pode ser superior a 12 vezes a retribuição base mensal e diuturnidades do trabalhador ou, quando seja aplicável o limite previsto no ponto anterior, a 240 vezes a retribuição mínima mensal garantida;
- O valor diário de retribuição base e diuturnidades é o resultante da divisão por 30 da retribuição base mensal e diuturnidades;
- Em caso de fração de ano, o montante da compensação é calculado proporcionalmente.

VII – É da responsabilidade do empregador o pagamento da totalidade da compensação, sem prejuízo do direito do trabalhador a acionar o fundo de garantia de compensação do trabalho, nos termos previstos em legislação específica.

Presume-se que o trabalhador aceita o despedimento quando recebe do empregador a totalidade da compensação. Esta presunção pode ser ilidida desde que, em simultâneo, o trabalhador entregue ou coloque, por qualquer forma, à disposição do empregador, a totalidade da compensação paga por este;

VIII – No âmbito de contrato de trabalho a termo e de contrato de trabalho temporário, o trabalhador tem direito, quer no caso de caducidade de contrato de trabalho a termo certo por verificação do seu termo, decorrente de declaração do empregador, quer no caso de caducidade de contrato de trabalho a termo incerto, a *compensação* correspondente a *24 dias de retribuição base e diuturnidades por cada*

---

[58] *Vide* art.º 366.º do CT.

ano completo de antiguidade, calculada nos termos previstos para o cálculo da *compensação por despedimento coletivo*, atrás expostos.

E) DESPEDIMENTO POR INADAPTAÇÃO

Noção de despedimento por inadaptação

Considera-se *despedimento por inadaptação*[59] *a cessação de contrato de trabalho promovida pelo empregador e fundamentada em inadaptação superveniente do trabalhador ao posto de trabalho.*

Direitos de trabalhador em caso de despedimento por inadaptação

Ao trabalhador despedido por inadaptação são conferidos os seguintes direitos:

I – A não observação do prazo mínimo de aviso prévio implica a cessação do contrato decorrido o período de aviso prévio em falta a contar da comunicação de despedimento, devendo o empregador pagar a retribuição correspondente a este período;

II – O empregador deve, até ao termo do prazo de aviso prévio, efetuar o pagamento da compensação, dos créditos vencidos e dos exigíveis por efeito da cessação do contrato de trabalho;

III – Durante o prazo de aviso prévio, o trabalhador tem direito a um crédito de horas correspondente a dois dias de trabalho por semana, sem prejuízo da retribuição;

IV – O crédito de horas pode ser dividido por alguns ou todos os dias da semana, por iniciativa do trabalhador, devendo este comunicar ao empregador a utilização do crédito de horas, com três dias de antecedência, salvo motivo atendível;

---

[59] *Vide* art.º 373.º do CT.

V – Durante o prazo de aviso prévio, o trabalhador pode denunciar o contrato de trabalho, mediante declaração com a antecedência mínima de três dias úteis, mantendo o direito a compensação;

VI – O trabalhador tem direito a *compensação*[60] *correspondente a 14 dias de retribuição base e diuturnidades por cada ano completo de antiguidade*, cuja determinação deve respeitar os seguintes critérios:

- O valor da retribuição base mensal e diuturnidades do trabalhador a considerar para efeitos de cálculo da compensação não pode ser superior a 20 vezes a retribuição mínima mensal garantida;
- O montante global da compensação não pode ser superior a 12 vezes a retribuição base mensal e diuturnidades do trabalhador ou, quando seja aplicável o limite previsto no ponto anterior, a 240 vezes a retribuição mínima mensal garantida;
- O valor diário de retribuição base e diuturnidades é o resultante da divisão por 30 da retribuição base mensal e diuturnidades;
- Em caso de fração de ano, o montante da compensação é calculado proporcionalmente.

VII – É da responsabilidade do empregador o pagamento da totalidade da compensação, sem prejuízo do direito do trabalhador a acionar o fundo de garantia de compensação do trabalho, nos termos previstos em legislação específica.

Presume-se que o trabalhador aceita o despedimento quando recebe do empregador a totalidade da compensação. Esta presunção pode ser ilidida desde que, em simultâneo, o trabalhador entregue ou coloque, por qualquer forma, à disposição do empregador, a totalidade da compensação paga por este;

VIII – No âmbito de contrato de trabalho a termo e de contrato de trabalho temporário, o trabalhador tem direito, quer no caso de caducidade de contrato de trabalho a termo certo por verificação do seu termo, decorrente de declaração do empregador, quer no caso de caducidade de contrato de trabalho a termo incerto, a *compensação* correspondente a *24 dias de retribuição base e diuturnidades por cada*

[60] *Vide* art.º 366.º do CT.

ano completo de antiguidade, calculada nos termos previstos para o cálculo da *compensação por despedimento coletivo*, atrás expostos.

Caso o despedimento por inadaptação ocorra não tendo havido modificações no posto de trabalho, a denúncia do contrato de trabalho por parte do trabalhador pode ter lugar após o empregador o ter informado com junção de cópia dos documentos relevantes, da apreciação da atividade antes prestada, com descrição circunstanciada dos factos demonstrativa de modificação substancial da prestação, bem como de que se pode pronunciar por escrito sobre os referidos elementos em prazo não inferior a cinco dias úteis. (*A este propósito importa consultar o n.º 2 e a alínea b) do n.º 3 do artigo 375.º do Código do Trabalho*).

F) RESOLUÇÃO DE CONTRATO DE TRABALHO PELO TRABALHADOR

Ocorrendo justa causa, o trabalhador pode fazer cessar imediatamente o contrato.[61]

Constituem *justa causa de resolução do contrato pelo trabalhador*[62] quer determinados comportamentos do empregador elencados na lei, quer outras situações também legalmente previstas.

Indemnização ou compensação devida ao trabalhador[63]

Em caso de resolução do contrato com fundamento em comportamento do empregador referido no parágrafo anterior, o trabalhador tem direito a *indemnização, a determinar entre 15 e 45 dias de retribuição base e diuturnidades por cada ano completo de antiguidade*, atendendo ao valor da retribuição e ao grau da ilicitude do comportamento do empregador, não podendo ser inferior a três meses de retribuição base e diuturnidades.

No caso de fração de ano de antiguidade, o valor da indemnização é calculado proporcionalmente.

O valor da indemnização pode ser superior ao que resultaria da aplicação dos critérios previstos no primeiro parágrafo deste ponto — «Indemnização ou

---

[61] *Vide* art.º 394.º, n.º 1, do CT.

[62] *Vide* art.º 394.º , n.ºs 2 e 3, do CT.

[63] *Vide* art.º 396.º do CT.

compensação devida ao trabalhador» — sempre que o trabalhador sofra danos patrimoniais e não patrimoniais de montante mais elevado.

No caso de contrato a termo, a indemnização não pode ser inferior ao valor das retribuições vincendas.

Caso a resolução do contrato pelo trabalhador se fundamente no seu direito de oposição à transmissão da posição do empregador no seu contrato de trabalho (em caso de transmissão, por qualquer título, da titularidade de empresa, ou estabelecimento ou ainda de parte de empresa ou estabelecimento que constitua uma unidade económica, ou de transmissão, cessão ou reversão da exploração de empresa, estabelecimento ou unidade económica), o trabalhador terá direito a compensação determinada nos termos definidos para o cálculo da compensação por despedimento coletivo (assunto tratado no artigo 366.º do Código do Trabalho).

Revogação da resolução do contrato de trabalho

O trabalhador pode revogar a resolução do contrato[64], caso a sua assinatura nela constante não seja objeto de reconhecimento notarial presencial, até ao sétimo dia seguinte à data em que chegar ao poder do empregador, mediante comunicação escrita a este dirigida.

O trabalhador, caso não possa assegurar a receção da comunicação no prazo previsto no parágrafo anterior, deve remetê-la por carta registada com aviso de receção, no dia útil subsequente ao fim do prazo.

A *revogação da resolução do contrato de trabalho* só é eficaz se, em simultâneo com a comunicação, o trabalhador entregar ou colocar, por qualquer forma, à disposição do empregador a totalidade do montante das compensações pecuniárias pagas por efeito da cessação do contrato de trabalho.

[64] A este propósito consultar o art.º 397.º do CT.

SECÇÃO C

OUTROS CRÉDITOS LABORAIS A RECEBER PELO TRABALHADOR AQUANDO DA CESSAÇÃO DO CONTRATO DE TRABALHO

FORMAÇÃO

Com a cessação do contrato de trabalho, o trabalhador tem direito a receber a retribuição correspondente ao número mínimo anual de horas de formação que não lhe tenha sido proporcionado, ou ao crédito de horas para formação de que seja titular à data da cessação (artigo 134.º do Código do Trabalho).

Código do Trabalho
Artigo 134.º
Efeito da cessação do contrato de trabalho no direito a formação

Cessando o contrato de trabalho, o trabalhador tem direito a receber a retribuição correspondente ao número mínimo anual de horas de formação que não lhe tenha sido proporcionado, ou ao crédito de horas para formação de que seja titular à data da cessação.

OUTROS CRÉDITOS LABORAIS

Aquando da cessação do contrato de trabalho, o trabalhador tem direito a receber todos os créditos vencidos à data da cessação ou exigíveis em virtude desta, ou seja, além dos créditos laborais atrás abordados ao longo de todo este capítulo, deverão ser processados e pagos também todos aqueles não abordados, mas que podem existir, em que se incluem, nomeadamente, embora de forma não exaustiva dada a multiplicidade de situações, todas e quaisquer remunerações, abonos ou subsídios a que porventura o trabalhador possa ter direito, como retribuição por trabalho suplementar, prémios de diferentes naturezas, diuturnidades, diferenças salariais a pagar a título retroativo, retribuição por trabalho noturno, subsídios de diferentes naturezas, ajudas de custo, subsídio de refeição, ou quaisquer outras remunerações, abonos ou subsídios, próprios ou não do modo específico de execução do trabalho ou do tipo ou setor de atividade em que se insere o empregador, bem como *todos os demais créditos vencidos à data da cessação do contrato de trabalho ou exigíveis em virtude desta.*

SECÇÃO D

RECLAMAÇÃO JUDICIAL

Após o término do contrato de trabalho, o trabalhador (ou o empregador) tem um ano para reclamar judicialmente o crédito que não lhe tenha sido pago, tendo em conta que o mesmo prescreve decorrido que seja esse período (artigo 337.º, n.º 1, do Código do Trabalho).

Consultando esse preceito legal:

Código do Trabalho

Artigo 337.º

Prescrição e prova de crédito

1 O crédito de empregador ou de trabalhador emergente de contrato de trabalho, da sua violação ou cessação prescreve decorrido um ano a partir do dia seguinte àquele em que cessou o contrato de trabalho.

2 …

CAPÍTULO IX
O TRATAMENTO CONTABILÍSTICO NO PROCESSAMENTO DE SALÁRIOS

SECÇÃO A
MOVIMENTAÇÃO CONTABILÍSTICA

O processamento de salários implica o movimento de algumas contas de acordo com o Código de Contas do Sistema de Normalização Contabilística (SNC), cujo conteúdo e movimentação a seguir se apresenta:

Conta 631 – Remunerações dos órgãos sociais

Nesta conta são registadas as remunerações ilíquidas dos órgãos sociais da entidade: Mesa da Assembleia Geral, Conselho de Administração, Conselho Fiscal ou Fiscal Único, Conselho Geral, Direção, etc.

Conta 632 – Remunerações do pessoal

Nesta conta são incluídos os ordenados e salários ilíquidos do pessoal, assim como as remunerações adicionais que lhes digam respeito. Deve ser feita a sua subdivisão por tipo de remuneração, designadamente em: ordenados e salários, horas extraordinárias, subsídio de Natal, subsídio de férias, retribuição de férias, comissões, prémios, subsídio de trabalho noturno, ajudas de custo, abonos para falhas, prémios e gratificações, etc.

As *ajudas de custo* são importâncias atribuídas pela entidade patronal aos seus trabalhadores dependentes quando estes se deslocam ao seu serviço e que se destinam a compensar os gastos acrescidos por essa deslocação — alimentação e alojamento — sem apresentação do documento de despesa.

Assim sendo, é imprescindível que a empresa possa comprovar os encargos efetivamente suportados respeitantes a *ajudas de custo* através do *mapa itinerário*, sendo necessário dar a conhecer, através desse mapa, *o nome do beneficiário, o local e a data da deslocação, tempo e objetivo de permanência*, bem como *o montante diário que lhe foi atribuído*, de modo a aferir se o mesmo excede os limites legais de sujeição a IRS.

* * *

Os encargos com compensação pela deslocação em viatura própria do trabalhador, ao serviço da entidade patronal constituem despesas por esta suportadas que visam ressarcir o trabalhador pela utilização da sua viatura pessoal ao serviço da empresa.

Neste caso, a empresa é obrigada a comprovar os encargos efetivamente suportados com a compensação pelo uso de viatura própria (quilómetros), através do *mapa itinerário*, sendo necessário dar a conhecer, através desse mapa, *o nome do beneficiário, o local onde se deslocou, a data da deslocação, o tempo e o objetivo de permanência, identificação da viatura (matrícula) e do respetivo proprietário*, bem como *o número de quilómetros percorridos* e *o montante pago por quilómetro*, de modo a aferir se este excede o limite legal de sujeição a IRS.

De acordo com o Código do IRC, as *ajudas de custo* e os *encargos com compensação pela deslocação em viatura própria do trabalhador, ao serviço da entidade patronal*, não faturados a clientes, escriturados a qualquer título:

- Não são dedutíveis para efeitos da determinação do lucro tributável, mesmo quando contabilizados como gastos do período de tributação, sempre que a entidade patronal não possua, por cada pagamento efetuado, um *mapa de controlo das deslocações* a que se referem aqueles encargos, exceto na parte em que haja lugar a tributação em sede de IRS na esfera do respetivo beneficiário [alínea h) do n.º 1 do artigo 23.º-A];
- São tributados autonomamente, à taxa de 5%, quando constituam encargos efetuados ou suportados, exceto na parte em que haja lugar a tributação em sede de IRS na esfera do respetivo beneficiário (n.º 9 do artigo 88.º).

O *mapa de controlo das deslocações* atrás referido *deverá permitir controlar*, designadamente:

Para as *ajudas de custo*:

- os respetivos locais;
- tempo de permanência;
- o objetivo.

E, no caso de *deslocação em viatura própria do trabalhador*:

- a identificação da viatura e do respetivo proprietário;
- o número de quilómetros percorridos.

Conta 635 – Encargos sobre remunerações

Esta conta serve para a contabilização dos gastos respeitantes à contribuição da entidade para a Segurança Social, que incide sobre as remunerações pagas aos órgãos sociais e ao pessoal.

Conta 242 – Retenção de impostos sobre rendimentos

Esta conta movimenta a crédito o imposto que tenha sido retido na fonte relativamente a rendimentos pagos a sujeitos passivos de IRC ou de IRS, podendo ser subdividida de acordo com a natureza dos rendimentos, nas seguintes subcontas:

2421 – Retenção de impostos sobre rendimentos – Trabalho dependente
2422 – Retenção de impostos sobre rendimentos – Trabalho independente
2423 – Retenção de impostos sobre rendimentos – Capitais
2424 – Retenção de impostos sobre rendimentos – Prediais
2429 – Retenção de impostos sobre rendimentos – Outros rendimentos

No caso em estudo importa considerar a subconta *2421 – Retenção de impostos sobre rendimentos – Trabalho dependente*.

Conta 245 – Contribuições para a Segurança Social

Nesta conta são registadas as dívidas à Segurança Social relativas às contribuições da entidade patronal e às quotizações deduzidas às remunerações do pessoal.

Poderá mostrar-se útil a criação de subcontas por unidades operacionais ou por cada Centro Regional da Segurança Social.

Conta 244 – Outros impostos

Esta conta serve para registar as dívidas por impostos, não incluídos nas outras subcontas, como é o caso do imposto do selo.

Conta 231 – Remunerações a pagar

O movimento desta conta enquadra-se no seguinte esquema normalizado:

1.ª fase – pelo processamento dos ordenados, salários e outras remunerações, dentro do mês a que respeitem: débito, pelos valores ilíquidos, das respetivas subcontas de 63 — Gastos com o pessoal, por crédito de 231 — Remunerações a pagar, pelas quantias líquidas apuradas no processamento, e, normalmente, das contas 24 — Estado e outros entes públicos (nas respetivas subcontas), 232 — Adiantamentos e 278 — Outros devedores e credores (numa subconta a criar, normalmente para sindicatos), consoante as entidades credoras dos descontos efetuados (parte do pessoal);

2.ª fase – pelo processamento dos encargos sobre remunerações (parte patronal), dentro do mês a que respeitem: débito da respetiva rubrica em 635 — Gastos com o pessoal — Encargos sobre remunerações, por crédito das subcontas de 24 — Estado e outros entes públicos a que respeitem as contribuições patronais;

3.ª fase – Pelos pagamentos ao pessoal e às outras entidades: debitam-se as contas 231, 24 e 278, por contrapartida das contas da classe 1.

Para estas três fases, e utilizando a representação digráfica, os lançamentos contabilísticos são os seguintes:

1.ª fase – Processamento dos ordenados, salários e outras remunerações

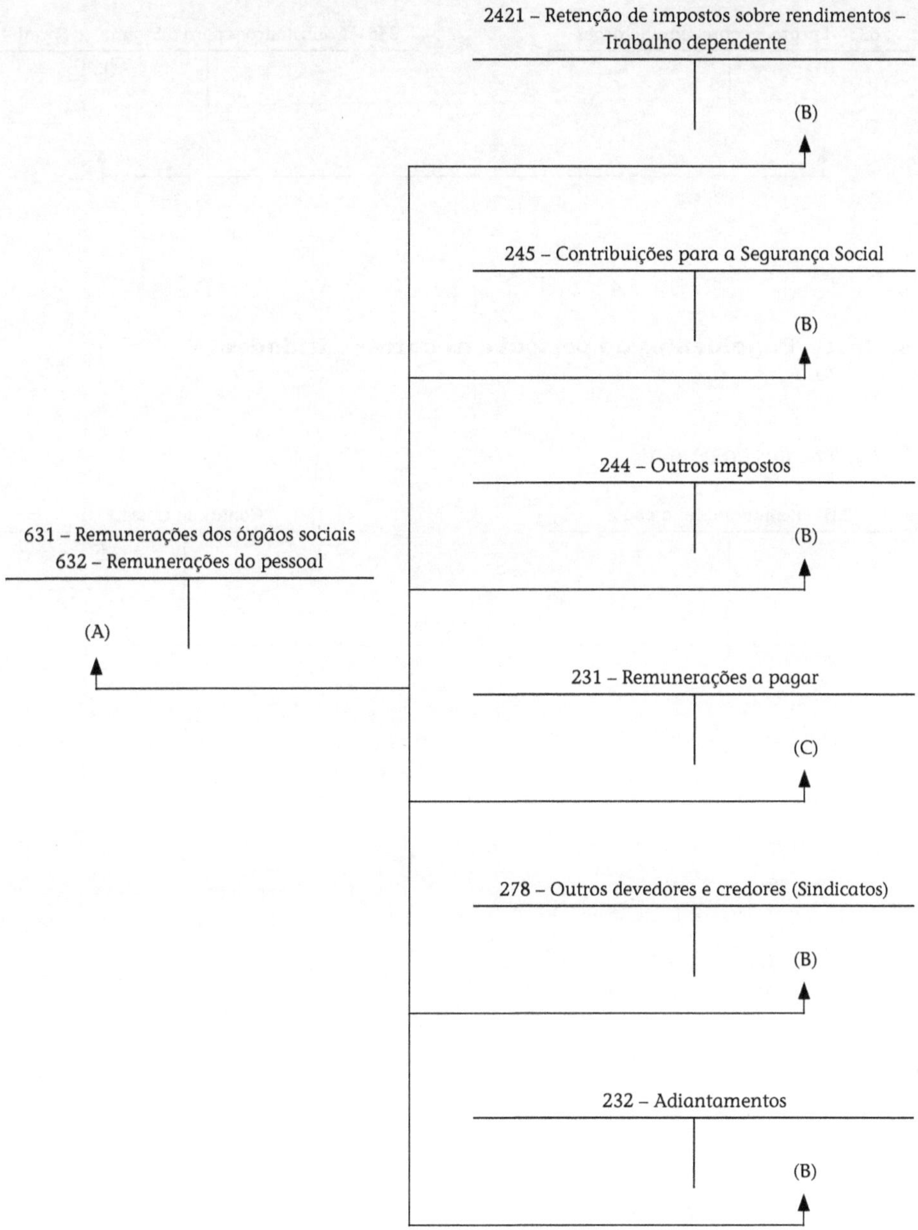

2.ª fase – Processamento dos encargos sobre remunerações (parte patronal)

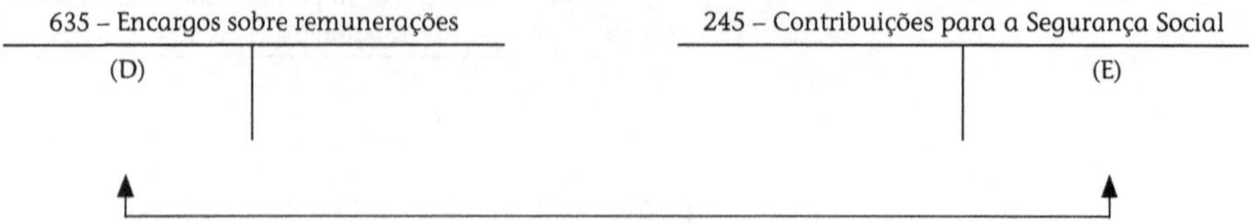

3.ª fase – Pagamentos ao pessoal e às outras entidades

I – Pagamentos ao pessoal

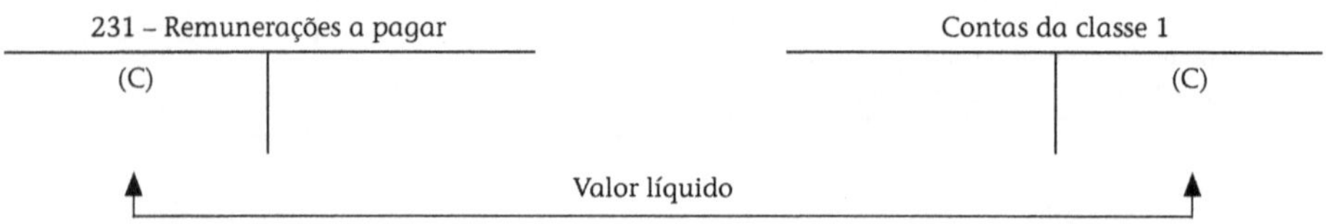

II – Pagamentos às outras entidades

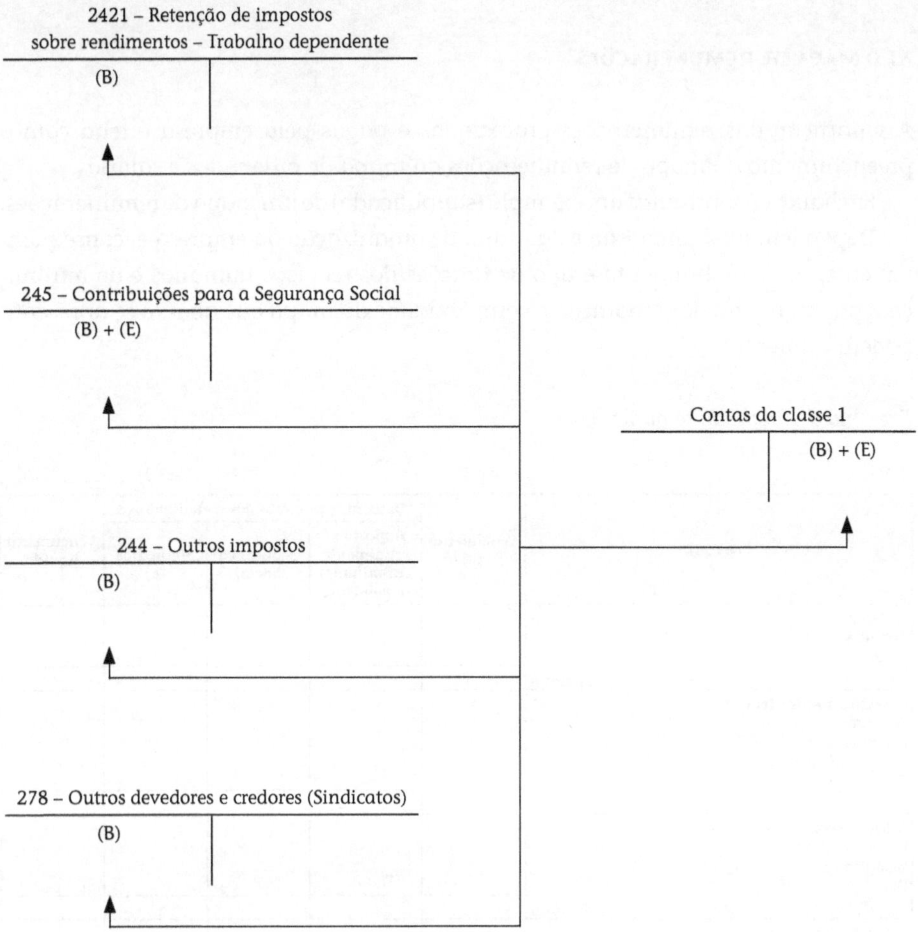

Em que:

(A) Ordenados e salários ilíquidos;
(B) Descontos efetuados por conta dos trabalhadores;
(C) Valor líquido dos ordenados e salários;
(D) Encargos totais por conta da Entidade Patronal;
(E) Descontos para cada entidade por conta da Entidade Patronal.

SECÇÃO B

DOCUMENTOS RELEVANTES

A) O MAPA DE REMUNERAÇÕES

A repartição das remunerações processadas e pagas pela empresa é feita com o preenchimento do mapa de remunerações ou mapa de ordenados e salários.

Em baixo encontramos um exemplo (simplificado) de um mapa de remunerações.

Dependendo da dimensão e da forma de organização da empresa e, consequentemente, do desdobramento e tipo de funções dos recursos humanos e de retribuições pagas, o grau de elaboração e complexidade do mapa que abaixo se apresenta poderá aumentar.

Exemplo de mapa de remunerações

FIRMA:__________ Mês de ________ de 20___

PESSOAL	Vencimento ilíquido	Descontos p/ conta dos trabalhadores			Vencimento líquido
		Imposto s/ rendimento Trabalhador dependente	Segurança Social	Sindicatos (a)	
1. Gerência Gerente A Gerente B					
Subtotal					
2. Secção administrativa Responsável da secção Responsável da contabilidade Responsável do escritório Outros					
Subtotal					
3. Secção comercial Diretor de vendas Vendedores Outros					
Subtotal					
4. Secção financeira Responsável da secção e tesouraria Outros					
Subtotal					
5. Outros não especificados					
6. Total (2 + 3 + 4 + 5)					
7. TOTAL (1 + 6)					
Encargos p/ conta da entidade patronal Gerência Outros					
TOTAL					

(a) Na hipótese de os trabalhadores estarem sindicalizados, dependendo o valor das quotas do sindicato em que estejam inscritos.

B) OS RECIBOS DE VENCIMENTO

O *recibo de vencimento*[65] é um documento que o empregador deve emitir e entregar[66] ao trabalhador, até ao pagamento da retribuição, nele devendo constar:

i) A *identificação da entidade empregadora*: Nome, Número de Identificação Fiscal (NIF), Número de Identificação da Segurança Social (NISS) e morada;
ii) A *identificação do trabalhador*: Nome completo, Número de Identificação Fiscal (NIF), Número de Identificação da Segurança Social (NISS), Categoria Profissional e identificação da Apólice de Seguro de Acidentes de Trabalho;
iii) A *retribuição base* e as *demais prestações*;
iv) Os *descontos* para a Segurança Social, IRS e *outras deduções* existentes;
v) A *data do recibo* que é à data em que o vencimento é processado, não correspondendo necessariamente à data em que o valor a receber fica disponível na conta do colaborador;
vi) O *período* a que respeitam as *prestações*;
vii) Qual a *forma de pagamento* (cheque, vale postal, depósito à ordem do trabalhador ou transferência bancária;
viii) O *montante líquido a receber*.

A *retribuição* é satisfeita em *dinheiro* ou, estando acordado, em *prestações não pecuniárias*.

A parte pecuniária da retribuição pode ser paga por meio de cheque, vale postal, depósito à ordem do trabalhador ou transferência bancária, devendo o empregador suportar as despesas com as operações de pagamento da retribuição, por uma só vez, quando existam.

---

[65] *Vide* art.º 276.º, n.º 3, do CT.

[66] O recibo de vencimento deve ser numerado e emitido em duplicado, manualmente ou recorrendo a programas de software certificados. Pode ser impresso e entregue em mãos ao trabalhador ou enviado, de forma automática, por *e-mail*.

Se o pagamento não for efetuado por transferência bancária, deve ser assinado pelo empregador e pelo colaborador. É possível proceder à assinatura digital do recibo de vencimento sem necessidade de o imprimir, assinar e devolver.

Atente-se à obrigatoriedade da emissão e entrega do recibo de vencimento, a fim de se evitar incorrer em contraordenação (leve), passível de ser participada à ACT — Autoridade para as Condições do Trabalho.

No caso de prestação retributiva não pecuniária, esta deve destinar-se à satisfação de necessidades pessoais do trabalhador ou da sua família e o valor a atribuir-lhe não pode exceder nem o da parte em dinheiro — salvo o disposto em instrumento de regulamentação coletiva de trabalho — nem o valor corrente na região.

Exemplo de recibo de vencimento

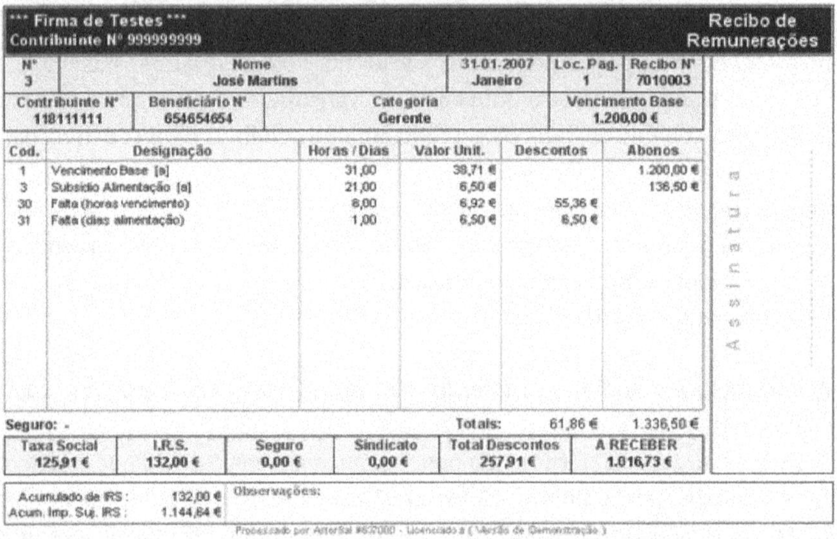

*** Firma de Testes ***
Contribuinte Nº 999999999
Recibo de Remunerações

Nº	Nome	31-01-2007	Loc. Pag.	Recibo Nº
3	José Martins	Janeiro	1	7010003

Contribuinte Nº	Beneficiário Nº	Categoria	Vencimento Base
118111111	654654654	Gerente	1.200,00 €

Cod.	Designação	Horas / Dias	Valor Unit.	Descontos	Abonos
1	Vencimento Base [a]	31,00	38,71 €		1.200,00 €
3	Subsídio Alimentação [a]	21,00	6,50 €		136,50 €
30	Falta (horas vencimento)	8,00	6,92 €	55,36 €	
31	Falta (dias alimentação)	1,00	6,50 €	6,50 €	
	Seguro: -		Totais:	61,86 €	1.336,50 €

Taxa Social	I.R.S.	Seguro	Sindicato	Total Descontos	A RECEBER
125,91 €	132,00 €	0,00 €	0,00 €	257,91 €	1.016,73 €

Acumulado de IRS:	132,00 €	Observações:
Acum. Imp. Suj. IRS:	1.144,84 €	

CAPÍTULO X
RESOLUÇÃO DE CASOS PRÁTICOS DE PROCESSAMENTO SALARIAL

CASO PRÁTICO 1

Informações Relevantes

Mês com 31 dias (mês de janeiro do ano X)
Mês com 21 dias úteis

- O Operador A7 foi admitido a partir do 7.º dia do mês, inclusive;
- O Operador B4 faltou por motivo de doença, durante 10 dias;
- O Operador C5 faltou por motivo de acidente de trabalho, a partir do 18.º dia do mês, inclusive;
- O Operador C11 esteve de licença parental, a partir do 10.º dia do mês, inclusive;
- Conforme previsto no Contrato Coletivo de Trabalho, a empresa paga uma diuturnidade de 12,00€, ao fim de três anos de antiguidade, a todos os operadores, acrescendo, a partir daí, uma diuturnidade, de três em três anos, até perfazer cinco diuturnidades;
- O Operador C14, que havia sido admitido há mais de dois anos ao abrigo de contrato de trabalho sem termo, cessou o seu contrato, por denúncia da sua parte, cumpridas que foram as exigências legais pertinentes, com exceção do prazo de aviso prévio, que não foi integralmente cumprido, ficando em falta 15 dias.
  O operador em questão ficou desvinculado a partir do 25.º dia do mês, inclusive;
  Aquando da cessação do contrato de trabalho, ficou com 22 dias úteis de férias por gozar (vencidas a 1 de janeiro do ano em questão), não lhe tendo sido pago o respetivo subsídio de férias;
- Os operadores estão filiados num sindicato, sendo o valor das quotas sindicais — a deduzir nos respetivos vencimentos — calculado da seguinte forma:

  Quota sindical = 1% × (Ordenado base + Diuturnidades)

- Por uma questão de simplificação, consideramos que, para efeitos de enquadramento em IRS, a situação pessoal e familiar dos colaboradores da empresa é a seguinte:

Gerência:
- *Não casado; 1 dependente*

Departamento administrativo-financeiro:
- *Não casado; 0 dependentes*

Departamento comercial:
- *Não casado; 0 dependentes*

Produção:
- *Casados; dois titulares; 2 dependentes*

Armazém/expedição:
- *Casados; dois titulares; 1 dependente*

CÁLCULO DOS CRÉDITOS LABORAIS

Operador C14

- Tipo de contrato de trabalho: sem termo

Remunerações:

- Vencimento base: 800,00 €
- Diuturnidades: 24,00 €

→ 22 dias (úteis) de férias por gozar

- Subsídio de férias (vencidas a 1 de janeiro do ano em questão) ainda não pago
- Prazo de aviso prévio em falta: 15 dias

Cálculos

Retribuição referente ao n.º de dias úteis de férias não gozadas
22 dias úteis de férias
= 800,00 + 24,00
= 824,00€

Subsídio dessas férias
= 800,00 + 24,00
= 824,00€

Parte proporcional de férias
N.º de dias decorridos desde 1 de janeiro do ano da cessação do contrato de trabalho até à data da cessação:
= 24 dias
= [(800,00 + 24,00) / 365] * 24 dias
= 54,18€

Parte proporcional do subsídio de férias
Os mesmos cálculos efetuados para a parte proporcional de férias
= 54,18€

Parte proporcional do subsídio de Natal
= [(800,00 + 24,00) / 365] * 24 dias
= 54,18€

O trabalhador deve indemnizar a empresa pelo prazo de aviso prévio em falta
[(800,00 + 24,00) / 30] * 15 dias
= 412,00€

MAPA DE REMUNERAÇÕES

ATIVIDADE: Fabrico de ...

Pessoal	N.º de dias trabalhados no mês					Remunerações ilíquidas											
											Trabalho suplementar – Horas a 25%			Trabalho suplementar – Horas a 37,5%			Total trabalho suplementar (Valor)
	Admissão	«Baixa médica»	«Baixa acidente trabalho»	Licença parental	Demissão	**Vencimento base**	**Diuturnidades**	**Vencimento base do mês**	**Diuturnidades do mês**	**Comissão s/ vendas**	N.º H. diurnas	N.º H. noturnas	**Valor**	N.º H. diurnas	N.º H. noturnas	**Valor**	
1. Gerência																	
Gerente A						3500,00		3500,00									
Gerente B						3500,00		3500,00									
Subtotal						**7000,00**	**0,00**	**7000,00**	**0,00**	**0,00**	**0,00**	**0,00**	**0,00**	**0,00**	**0,00**	**0,00**	**0,00**
2. Departamento administrativo-financeiro																	
Diretor administrativo-financeiro						3000,00		3000,00									
Contabilista (CC)						2200,00		2200,00									
Técnico de contabilidade						1250,00		1250,00									
Responsável tesouraria						1100,00		1100,00									
Assistente administrativo A						1000,00		1000,00									
Assistente administrativo B						1000,00		1000,00									
Subtotal						**9550,00**	**0,00**	**9550,00**	**0,00**	**0,00**	**0,00**	**0,00**	**0,00**	**0,00**	**0,00**	**0,00**	**0,00**
3. Departamento comercial																	
Diretor comercial						3000,00		3000,00									
Assistente administrativo-comercial						1800,00		1800,00									
Comercial A						850,00		850,00		1500,00							
Comercial B						850,00		850,00		750,00							
Comercial C						850,00		850,00		2250,00							
Comercial D						850,00		850,00		1125,00							
Comercial E						850,00		850,00		1875,00							
Subtotal						**9050,00**	**0,00**	**9050,00**	**0,00**	**7500,00**	**0,00**	**0,00**	**0,00**	**0,00**	**0,00**	**0,00**	**0,00**

Pessoal	N.º de dias trabalhados no mês					Remunerações ilíquidas											
											Trabalho suplementar						Total trabalho suplementar (Valor)
											Horas a 25%			Horas a 37,5%			
	Admissão	«Baixa médica»	«Baixa acidente trabalho»	Licença parental	Demissão	**Vencimento base**	**Diuturnidades**	**Vencimento base do mês**	**Diuturnidades do mês**	**Comissão s/ vendas**	N.º H. diurnas	N.º H. noturnas	**Valor**	N.º H. diurnas	N.º H. noturnas	**Valor**	
4. Produção																	
Diretor de produção						3000,00		3000,00									**0,00**
Chefe de secção A						2000,00		2000,00									**0,00**
Operador A1						800,00	12,00	800,00	12,00		3,00		17,31	2,50		14,42	**31,73**
Operador A2						800,00	0,00	800,00	0,00								**0,00**
Operador A3						800,00	36,00	800,00	36,00		2,50		14,42	2,00		11,54	**25,96**
Operador A4						800,00	24,00	800,00	24,00		6,00	3,50	59,86	4,50		25,96	**85,82**
Operador A5						800,00	12,00	800,00	12,00								**0,00**
Operador A6						800,00	60,00	800,00	60,00								**0,00**
Operador A7	25					800,00	0,00	666,67	0,00								**0,00**
Operador A8						800,00	12,00	800,00	12,00								**0,00**
Operador A9						800,00	48,00	800,00	48,00								**0,00**
Operador A10						800,00	0,00	800,00	0,00		4,00	2,00	37,50	1,00	1,50	16,59	**54,09**
Operador A11						800,00	24,00	800,00	24,00		6,00		34,62	4,50		25,96	**60,58**
Operador A12						800,00	24,00	800,00	24,00								**0,00**
Operador A13						800,00	48,00	800,00	48,00								**0,00**
Operador A14						800,00	12,00	800,00	12,00								**0,00**
Chefe de secção B						2000,00		2000,00	0,00								**0,00**
Operador B1						800,00	24,00	800,00	24,00		3,50		20,19			0,00	**20,19**
Operador B2						800,00	12,00	800,00	12,00								**0,00**
Operador B3						800,00	48,00	800,00	48,00		2,00		11,54	1,50	1,00	15,87	**27,40**
Operador B4		21				800,00	0,00	560,00	0,00								**0,00**
Operador B5						800,00	12,00	800,00	12,00		4,00		23,08	2,50		14,42	**37,50**
Operador B6						800,00	24,00	800,00	24,00								**0,00**
Operador B7						800,00	60,00	800,00	60,00								**0,00**
Operador B8						800,00	36,00	800,00	36,00								**0,00**
Operador B9						800,00	0,00	800,00	0,00								**0,00**
Operador B10						800,00	24,00	800,00	24,00								**0,00**
Operador B11						800,00	48,00	800,00	48,00								**0,00**
Operador B12						800,00	12,00	800,00	12,00								**0,00**

MAPA DE REMUNERAÇÕES

ATIVIDADE: Fabrico de ...

Pessoal	Trabalho noturno		Isenção Horário Trabalho	Subsídio refeição (vales de refeição /valor isento = 7,63€)				Abono para falhas		Compens. Desloc. Viat. Própria	
	N.º horas	Valor		N.º dias	Valor/Dia	Valor	Valor sujeito (Segurança Social/IRS)	Valor atribuído	Valor sujeito Segurança Social/IRS	Kms percorridos	Valor (0,36€/ Km – Isento)
1. Gerência											
Gerente A			757,21								
Gerente B			757,21								
Subtotal	**0,00**	**0,00**	**1514,42**	**0,00**	**0,00**	**0,00**	**0,00**	**0,00**	**0,00**	**0,00**	**0,00**
2. Departamento Administrativo-financeiro											
Diretor administrativo-financeiro			649,04								
Contabilista (CC)				21,00	8,00	168,00	7,77				
Técnico de contabilidade				21,00	8,00	168,00	7,77				
Responsável tesouraria				21,00	8,00	168,00	7,77				
Assistente administrativo A				21,00	8,00	168,00	7,77	60,00	10,00		
Assistente administrativo B				21,00	8,00	168,00	7,77	60,00	10,00		
Subtotal	**0,00**	**0,00**	**649,04**	**105,00**	**40,00**	**840,00**	**38,85**	**120,00**	**20,00**	**0,00**	**0,00**
3. Departamento comercial											
Diretor comercial			649,04								
Assistente administrativo-comercial				21,00	8,00	168,00	7,77			180,00	64,80
Comercial A											
Comercial B											
Comercial C											
Comercial D											
Comercial E											
Subtotal	**0,00**	**0,00**	**649,04**	**21,00**	**8,00**	**168,00**	**7,77**	**0,00**	**0,00**	**180,00**	**64,80**
4. Produção											
Diretor de produção			649,04								
Chefe de secção A											
Operador A1											
Operador A2											

	Trabalho noturno			Subsídio refeição (vales de refeição /valor isento = 7,63€)				Abono para falhas		Compens. Desloc. Viat. Própria	
Pessoal	N.º horas	Valor	**Isenção Horário Trabalho**	N.º dias	Valor/Dia	Valor	Valor sujeito (Segurança Social/IRS)	Valor atribuído	Valor sujeito Segurança Social/IRS	Kms percorridos	Valor (0,36€/ Km – Isento)
Operador A3											
Operador A4											
Operador A5											
Operador A6											
Operador A7											
Operador A8											
Operador A9											
Operador A10											
Operador A11											
Operador A12											
Operador A13											
Operador A14											
Chefe de secção B											
Operador B1											
Operador B2											
Operador B3											
Operador B4											
Operador B5											
Operador B6											
Operador B7											
Operador B8											
Operador B9											
Operador B10											
Operador B11											
Operador B12											

MAPA DE REMUNERAÇÕES

ATIVIDADE: Fabrico de ...

(Valores em euros)

Pessoal	Remunerações ilíquidas: Retribuição férias n/ gozadas	Remunerações ilíquidas: Subsídio férias	Remunerações ilíquidas: P.P. férias	Remunerações ilíquidas: P.P. subsídio férias	Remunerações ilíquidas: P.P. subsídio Natal	Prazo Av. Prév. em falta (Indemnização a pagar pelo trabalhador à empresa)	Encargos s/ os vencimentos – P/ conta da entidade patronal – Segurança Social: Base incidência contribuições	Encargos s/ os vencimentos – P/ conta da entidade patronal – Segurança Social: Valor das Contribuições	Encargos s/ os vencimentos – P/ conta do pessoal – Segurança Social: Base incidência Contribuições	Encargos s/ os vencimentos – P/ conta do pessoal – Segurança Social: Valor das quotizações	P/ conta do pessoal – Retenção Imposto s/ Rend.Trab. Dep. (IRS): Retenção IRS	Retenção Imposto s/ Rend.Trab. Dep. (IRS): IRS subsídio férias	Retenção Imposto s/ Rend.Trab. Dep. (IRS): IRS P.P. subsídio férias	Retenção Imposto s/ Rend.Trab. Dep. (IRS): IRS subsídio Natal	Remunerações ilíquidas sujeitas (Segurança Social/IRS)	Remunerações ilíquidas n/ sujeitas (Segurança Social/IRS)	Total remunerações ilíquidas	Descontos: P/ Segurança Social	Descontos: IRS retido	Descontos: Sindicato	Remunerações líquidas
1. Gerência																					
Gerente A							5007,21	1189,21	5007,21	550,79	1592,29				5007,21	0,00	5007,21	550,79	1.592,29		2864,13
Gerente B							4257,21	1011,09	4257,21	468,29	1319,74				4257,21	0,00	4257,21	468,29	1.319,74		2469,18
Subtotal							**9264,42**	**2200,30**	**9264,42**	**1019,09**	**2912,03**	**0,00**		**0,00**	9264,42	0,00	9264,42	1019,09	2912,03	0,00	5333,31
2. Departamento administrativo-financeiro																					
Diretor administrativo-financeiro							3649,04	866,65	3649,04	401,39	1083,76				3649,04	0,00	3649,04	401,39	1083,76		2163,88
Contabilista (CC)							2207,77	524,35	2207,77	242,85	503,37				2207,77	160,23	2368,00	242,85	503,37		1621,77
Técnico de contabilidade							1257,77	298,72	1257,77	138,35	191,18				1257,77	160,23	1418,00	138,35	191,18		1088,46
Responsável tesouraria							1107,77	263,10	1107,77	121,85	145,12				1107,77	160,23	1268,00	121,85	145,12		1001,03
Assistente administrativo A							1017,77	241,72	1017,77	111,95	123,15				1017,77	210,23	1228,00	111,95	123,15		992,90
Assistente administrativo B							1017,77	241,72	1017,77	111,95	123,15				1017,77	210,23	1228,00	111,95	123,15		992,90
Subtotal							**10 257,89**	**2436,25**	**10 257,89**	**1128,37**	**2169,74**	**0,00**		**0,00**	10 257,89	901,15	11 159,04	1128,37	2169,74	0,00	7860,94
3. Departamento comercial																					
Diretor comercial							3649,04	866,65	3649,04	401,39	1083,76				3649,04	0,00	3649,04	401,39	1083,76		2163,88
Assistente administrativo-comercial							1807,77	429,35	1807,77	198,85	359,75				1807,77	225,03	2032,80	198,85	359,75		1474,20
Comercial A							2350,00	558,13	2350,00	258,50	559,30				2350,00	0,00	2350,00	258,50	559,30		1532,20
Comercial B							1600,00	380,00	1600,00	176,00	297,60				1600,00	0,00	1600,00	176,00	297,60		1126,40
Comercial C							3100,00	736,25	3100,00	341,00	837,00				3100,00	0,00	3100,00	341,00	837,00		1922,00
Comercial D							1975,00	469,06	.975,00	217,25	412,78				1975,00	0,00	1975,00	217,25	412,78		1344,98
Comercial E							2725,00	647,19	2725,00	299,75	703,05				2725,00	0,00	2725,00	299,75	703,05		1722,20
Subtotal							**17 206,81**	**4086,62**	**17 206,81**	**1892,75**	**4253,24**	**0,00**		**0,00**	17 206,81	225,03	17 431,84	1892,75	4253,24	0,00	11 285,85
4. Produção																0,00					
Diretor de produção							3649,04	866,65	3649,04	401,39	1058,22				3649,04	0,00	3649,04	401,39	1058,22		2189,42
Chefe de secção A							2000,00	475,00	2000,00	220,00	392,00				2000,00	0,00	2000,00	220,00	392,00		1388,00
Operador A1							843,73	200,39	843,73	92,81	54,84				843,73	0,00	843,73	92,81	54,84	8,12	687,96
Operador A2							800,00	190,00	800,00	88,00	27,20				800,00	0,00	800,00	88,00	27,20	8,00	676,80

(Valores em euros)

Pessoal	Remunerações ilíquidas: Retribuição férias n/ gozadas	Remunerações ilíquidas: Subsídio férias	Remunerações ilíquidas: P.P. férias	Remunerações ilíquidas: P.P. subsídio férias	Remunerações ilíquidas: P.P. subsídio Natal	Prazo Av. Prév. em falta (Indemnização a pagar pelo trabalhador à empresa)	Encargos s/ os vencimentos – P/ conta da entidade patronal – Segurança Social: Base incidência contribuições	Encargos s/ os vencimentos – P/ conta da entidade patronal – Segurança Social: Valor das Contribuições	Encargos s/ os vencimentos – P/ conta do pessoal – Segurança Social: Base incidência Contribuições	Encargos s/ os vencimentos – P/ conta do pessoal – Segurança Social: Valor das quotizações	Encargos s/ os vencimentos – P/ conta do pessoal – Retenção Imposto s/ Rend.Trab. Dep. (IRS): Retenção IRS	Encargos s/ os vencimentos – P/ conta do pessoal – Retenção Imposto s/ Rend.Trab. Dep. (IRS): IRS subsídio férias	Encargos s/ os vencimentos – P/ conta do pessoal – Retenção Imposto s/ Rend.Trab. Dep. (IRS): IRS P.P. subsídio férias	Encargos s/ os vencimentos – P/ conta do pessoal – Retenção Imposto s/ Rend.Trab. Dep. (IRS): IRS subsídio Natal	Remunerações ilíquidas sujeitas (Segurança Social/IRS)	Remunerações ilíquidas n/ sujeitas (Segurança Social/IRS)	Total remunerações ilíquidas	Descontos: P/ Segurança Social	Descontos: IRS retido	Descontos: Sindicato	Remunerações líquidas
Operador A3							861,96	204,72	861,96	94,82	56,03				**861,96**	**0,00**	**861,96**	**94,82**	**56,03**	**8,36**	**702,76**
Operador A4							909,82	216,08	909,82	100,08	59,14				**909,82**	**0,00**	**909,82**	**100,08**	**59,14**	**8,24**	**742,36**
Operador A5							812,00	192,85	812,00	89,32	27,61				**812,00**	**0,00**	**812,00**	**89,32**	**27,61**	**8,12**	**686,95**
Operador A6							860,00	204,25	860,00	94,60	55,90				**860,00**	**0,00**	**860,00**	**94,60**	**55,90**	**8,60**	**700,90**
Operador A7							666,67	158,33	666,67	73,33	0,00				**666,67**	**0,00**	**666,67**	**73,33**	**0,00**	**6,67**	**586,67**
Operador A8							812,00	192,85	812,00	89,32	27,61				**812,00**	**0,00**	**812,00**	**89,32**	**27,61**	**8,12**	**686,95**
Operador A9							848,00	201,40	848,00	93,28	55,12				**848,00**	**0,00**	**848,00**	**93,28**	**55,12**	**8,48**	**691,12**
Operador A10							854,09	202,85	854,09	93,95	55,52				**854,09**	**0,00**	**854,09**	**93,95**	**55,52**	**8,00**	**696,62**
Operador A11							884,58	210,09	884,58	97,30	57,50				**884,58**	**0,00**	**884,58**	**97,30**	**57,50**	**8,24**	**721,54**
Operador A12							824,00	195,70	824,00	90,64	53,56				**824,00**	**0,00**	**824,00**	**90,64**	**53,56**	**8,24**	**671,56**
Operador A13							848,00	201,40	848,00	93,28	55,12				**848,00**	**0,00**	**848,00**	**93,28**	**55,12**	**8,48**	**691,12**
Operador A14							812,00	192,85	812,00	89,32	27,61				**812,00**	**0,00**	**812,00**	**89,32**	**27,61**	**8,12**	**686,95**
Chefe de secção B							2000,00	475,00	2000,00	220,00	392,00				**2000,00**	**0,00**	**2000,00**	**220,00**	**392,00**		**1388,00**
Operador B1							844,19	200,50	844,19	92,86	54,87				**844,19**	**0,00**	**844,19**	**92,86**	**54,87**	**8,24**	**688,22**
Operador B2							812,00	192,85	812,00	89,32	27,61				**812,00**	**0,00**	**812,00**	**89,32**	**27,61**	**8,12**	**686,95**
Operador B3							875,40	207,91	875,40	96,29	29,76				**875,40**	**0,00**	**875,40**	**96,29**	**29,76**	**8,48**	**740,87**
Operador B4							560,00	133,00	560,00	61,60	0,00				**560,00**	**0,00**	**560,00**	**61,60**	**0,00**	**5,60**	**492,80**
Operador B5							849,50	201,76	849,50	93,45	55,22				**849,50**	**0,00**	**849,50**	**93,45**	**55,22**	**8,12**	**692,72**
Operador B6							824,00	195,70	824,00	90,64	53,56				**824,00**	**0,00**	**824,00**	**90,64**	**53,56**	**8,24**	**671,56**
Operador B7							860,00	204,25	860,00	94,60	55,90				**860,00**	**0,00**	**860,00**	**94,60**	**55,90**	**8,60**	**700,90**
Operador B8							836,00	198,55	836,00	91,96	54,34				**836,00**	**0,00**	**836,00**	**91,96**	**54,34**	**8,36**	**681,34**
Operador B9							800,00	190,00	800,00	88,00	27,20				**800,00**	**0,00**	**800,00**	**88,00**	**27,20**	**8,00**	**676,80**
Operador B10							824,00	195,70	824,00	90,64	53,56				**824,00**	**0,00**	**824,00**	**90,64**	**53,56**	**8,24**	**671,56**
Operador B11							848,00	201,40	848,00	93,28	55,12				**848,00**	**0,00**	**848,00**	**93,28**	**55,12**	**8,48**	**691,12**
Operador B12							812,00	192,85	812,00	89,32	27,61				**812,00**	**0,00**	**812,00**	**89,32**	**27,61**	**8,12**	**686,95**

MAPA DE REMUNERAÇÕES

ATIVIDADE: Fabrico de ...

Pessoal	N.º de dias trabalhados no mês					Remunerações ilíquidas											
											Trabalho suplementar						Total trabalho suplementar (Valor)
											Horas a 25%			Horas a 37,5%			
	Admissão	«Baixa médica»	«Baixa acidente trabalho»	Licença parental	Demissão	**Vencimento base**	**Diuturnidades**	**Vencimento base do mês**	**Diuturnidades do mês**	**Comissão s/ vendas**	N.º H. diurnas	N.º H. noturnas	**Valor**	N.º H. diurnas	N.º H. noturnas	**Valor**	
Chefe de secção C						2000,00		2000,00	0,00								**0,00**
Operador C1						800,00	36,00	800,00	36,00		4,00		23,08	2,50		14,42	**37,50**
Operador C2						800,00	24,00	800,00	24,00								**0,00**
Operador C3						800,00	36,00	800,00	36,00		8,00		46,15	5,50		31,73	**77,88**
Operador C4						800,00	0,00	800,00	0,00								**0,00**
Operador C5			17			800,00	24,00	453,33	13,60		3,50		20,19	2,00		11,54	**31,73**
Operador C6						800,00	48,00	800,00	48,00		2,00		11,54			0,00	**11,54**
Operador C7						800,00	36,00	800,00	36,00								**0,00**
Operador C8						800,00	24,00	800,00	24,00								**0,00**
Operador C9						800,00	12,00	800,00	12,00								**0,00**
Operador C10						800,00	24,00	800,00	24,00		3,00		17,31	1,50	0,50	12,26	**29,57**
Operador C11				21		800,00	36,00	560,00	25,20								**0,00**
Operador C12						800,00	0,00	800,00	0,00								**0,00**
Operador C13						800,00	48,00	800,00	48,00		3,50		20,19				**20,19**
Operador C14					24	800,00	24,00	640,00	19,20								**0,00**
Operador C15						800,00	24,00	800,00	24,00								**0,00**
Subtotal						**41 800,00**	**1008,00**	**40 680,00**	**982,00**	**0,00**	**55,00**	**5,50**	**356,97**	**30,00**	**3,00**	**194,71**	**551,68**
5. Armazém/expedição																	
Responsável armazém						1200,00		1200,00									
Assistente administrativo armazém.						1000,00		1000,00									
Manobrador empilhador						850,00		850,00									
Subtotal						**3050,00**	**0,00**	**3050,00**	**0,00**	**0,00**	**0,00**	**0,00**	**0,00**	**0,00**	**0,00**	**0,00**	**0,00**
6. Total (2 + 3 + 4 + 5)						**63 450,00**	**1008,00**	**62 330,00**	**982,00**	**7500,00**	**55,00**	**5,50**	**356,97**	**30,00**	**3,00**	**194,71**	**551,68**
7. TOTAL (1 + 6)						**70 450,00**	**1008,00**	**69 330,00**	**982,00**	**7500,00**	**55,00**	**5,50**	**356,97**	**30,00**	**3,00**	**194,71**	**551,68**

MAPA DE REMUNERAÇÕES

ATIVIDADE: Fabrico de ...

	Remunerações ilíquidas											
	Trabalho noturno			Subsídio refeição (Vales de refeição/valor isento = 7,63€)					Abono para falhas		Compens. Desloc. Viat. Própria	
Pessoal	N.º Horas	Valor	**Isenção Horário Trabalho**	N.º dias	Valor/ dia	Valor	Valor sujeito (Segurança Social/IRS)	**Despesas representação**	Valor atribuído	Valor sujeito Segurança Social/IRS	Kms percorridos	Valor (0,36€/Km – Isento)
Chefe de secção C												
Operador C1												
Operador C2												
Operador C3												
Operador C4												
Operador C5												
Operador C6												
Operador C7												
Operador C8												
Operador C9												
Operador C10												
Operador C11												
Operador C12												
Operador C13												
Operador C14												
Operador C15												
Subtotal	**0,00**	**0,00**	**649,04**	**0,00**	**0,00**	**0,00**	**0,00**	**0,00**	**0,00**	**0,00**	**0,00**	**0,00**
5. Armazém/expedição												
Responsável armazém	20,00	34,62		21,00	8,00	168,00	7,77					
Assistente administrativo armazém				21,00	8,00	168,00	7,77					
Manobrador empilhador												
Subtotal	**20,00**	**34,62**	**0,00**	**42,00**	**16,00**	**336,00**	**15,54**	**0,00**	**0,00**	**0,00**	**0,00**	**0,00**
6. Total (2 + 3 + 4 + 5)	**20,00**	**34,62**	**1947,12**	**168,00**	**64,00**	**1344,00**	**62,16**	**0,00**	**120,00**	**20,00**	**180,00**	**64,80**
7. TOTAL (1 + 6)	**20,00**	**34,62**	**3461,54**	**168,00**	**64,00**	**1344,00**	**62,16**	**750,00**	**120,00**	**20,00**	**180,00**	**64,80**

MAPA DE REMUNERAÇÕES

ATIVIDADE: Fabrico de ...

(Valores em euros)

Pessoal	Remunerações ilíquidas: Retribuição férias n/ gozadas	Remunerações ilíquidas: Subsídio férias	Remunerações ilíquidas: P.P. férias	Remunerações ilíquidas: P.P. subsídio férias	Remunerações ilíquidas: P.P. subsídio Natal	Prazo Av. Prév. em falta (Indemnização a pagar pelo trabalhador à empresa)	Encargos s/ os vencimentos – P/ conta da entidade patronal – Segurança Social: Base incidência contribuições	Encargos s/ os vencimentos – P/ conta da entidade patronal – Segurança Social: Valor das contribuições	Encargos s/ os vencimentos – P/ conta do pessoal – Segurança Social: Base incidência contribuições	Encargos s/ os vencimentos – P/ conta do pessoal – Segurança Social: Valor das quotizações	Retenção Imposto s/ Rend.Trab. Dep. (IRS): Retenção IRS	Retenção Imposto s/ Rend.Trab. Dep. (IRS): IRS subsídio férias.	Retenção Imposto s/ Rend.Trab. Dep. (IRS): IRS P.P. subsídio férias	Retenção Imposto s/ Rend.Trab. Dep. (IRS): IRS subsídio Natal	Remunerações ilíquidas sujeitas (Segurança Social/IRS)	Remunerações ilíquidas n/ sujeitas (Segurança Social/IRS)	Total Remunerações ilíquidas	Descontos: P/ Segurança Social	Descontos: IRS retido	Descontos: Sindicato	Remunerações líquidas
Chefe de secção C							2000,00	475,00	2000,00	220,00	392,00				**2000,00**	**0,00**	**2000,00**	**220,00**	**392,00**		**1388,00**
Operador C1							873,50	207,46	873,50	96,09	56,78				**873,50**	**0,00**	**873,50**	**96,09**	**56,78**	**8,36**	**712,28**
Operador C2							824,00	195,70	824,00	90,64	53,56				**824,00**	**0,00**	**824,00**	**90,64**	**53,56**	**8,24**	**671,56**
Operador C3							913,88	217,05	913,88	100,53	59,40				**913,88**	**0,00**	**913,88**	**100,53**	**59,40**	**8,36**	**745,59**
Operador C4							800,00	190,00	800,00	88,00	27,20				**800,00**	**0,00**	**800,00**	**88,00**	**27,20**	**8,00**	**676,80**
Operador C5							498,66	118,43	498,66	54,85	0,00				**498,66**	**0,00**	**498,66**	**54,85**	**0,00**	**4,67**	**439,14**
Operador C6							859,54	204,14	859,54	94,55	55,87				**859,54**	**0,00**	**859,54**	**94,55**	**55,87**	**8,48**	**700,64**
Operador C7							836,00	198,55	836,00	91,96	54,34				**836,00**	**0,00**	**836,00**	**91,96**	**54,34**	**8,36**	**681,34**
Operador C8							824,00	195,70	824,00	90,64	53,56				**824,00**	**0,00**	**824,00**	**90,64**	**53,56**	**8,24**	**671,56**
Operador C9							812,00	192,85	812,00	89,32	27,61				**812,00**	**0,00**	**812,00**	**89,32**	**27,61**	**8,12**	**686,95**
Operador C10							853,57	202,72	853,57	93,89	55,48				**853,57**	**0,00**	**853,57**	**93,89**	**55,48**	**8,24**	**695,95**
Operador C11							585,20	138,99	585,20	64,37	0,00				**585,20**	**0,00**	**585,20**	**64,37**	**0,00**	**5,85**	**514,98**
Operador C12							800,00	190,00	800,00	88,00	27,20				**800,00**	**0,00**	**800,00**	**88,00**	**27,20**	**8,00**	**676,80**
Operador C13							868,19	206,20	868,19	95,50	56,43				**868,19**	**0,00**	**868,19**	**95,50**	**56,43**	**8,48**	**707,78**
Operador C14	824,00	824,00	54,18	54,18	54,18	**412,00**	2469,74	586,56	2469,74	271,67	582,86	53,56	0,00	0,00	**2469,74**	**0,00**	**2469,74**	**271,67**	**636,42**	**6,59**	**1143,06**
Operador C15							824,00	195,70	824,00	90,64	53,56				**824,00**	**0,00**	**824,00**	**90,64**	**53,56**	**8,24**	**671,56**
Subtotal	**824,00**	**824,00**	**54,18**	**54,18**	**54,18**	**412,00**	**44 673,26**	**10 609,90**	**44 673,26**	**4914,06**	**4505,57**	**53,56**		**0,00**	**44 673,26**	**0,00**	**44 673,26**	**4 914,06**	**4 559,13**	**326,62**	**34 461,46**
5. Armazém/expedição																					
Responsável armazém							1242,39	295,07	1242,39	136,66	178,90				**1242,39**	**160,23**	**1.402,62**	**136,66**	**178,90**		**1087,05**
Assistente administrativo armazém							1007,77	239,35	1007,77	110,85	86,67				**1007,77**	**160,23**	**1.168,00**	**110,85**	**86,67**		**970,48**
Manobrador empilhador							850,00	201,88	850,00	93,50	62,05				**850,00**	**0,00**	**850,00**	**93,50**	**62,05**		**694,45**
Subtotal							**3100,16**	**736,29**	**3100,16**	**341,02**	**327,62**	**0,00**		**0,00**	**3100,16**	**320,46**	**3420,62**	**341,02**	**327,62**	**0,00**	**2751,98**
6. Total (2 + 3 + 4 + 5)							**75 238,11**	**17 869,05**	**75 238,11**	**8276,19**	**11 256,16**	**53,56**		**0,00**	**75 238,11**	**1446,64**	**76 684,75**	**8276,19**	**11 309,72**	**326,62**	**56 360,22**
7. TOTAL (1 + 6)							**84 502,54**	**20 069,35**	**84 502,54**	**9 295,28**	**14 168,19**	**53,56**		**0,00**	**84 502,54**	**1446,64**	**85 949,18**	**9295,28**	**14 221,75**	**326,62**	**61 693,53**

CASO PRÁTICO 2

Informações Relevantes

Mês com 30 dias
Mês com 20 dias úteis

- A Estagiária (jovem em férias escolares) foi contratada a termo certo e a tempo inteiro por um período de dois meses, com início no 10.º dia do mês em processamento;
- O Gerente B não aufere remuneração;
- Por uma questão de simplificação, consideramos que, para efeitos de enquadramento em IRS, a situação pessoal e familiar dos colaboradores da empresa é a seguinte:

Gerência:
– Casado; 2 titulares; 2 dependentes
Departamento Administrativo e Logística — (Sede)
– Casado; 2 titulares; 1 dependente
Loja A (Zona Norte)
– Não casado; 1 dependente
Loja B (Zona Centro)
– Casado; 1 titular; 0 dependentes
Loja C (Zona Sul)
– Casado; 2 titulares; 1 dependente
Estagiária (jovem em férias escolares)
– Não casado; 0 dependentes
(IAS = 443,20€)

O «prémio de vendas« atribuído aos responsáveis de loja é calculado da seguinte forma:

Valor das vendas mensais/loja	Taxa a aplicar
8500,00 €	0%
10 000,00 €	10%
13 500,00 €	5%

Forma de cálculo:

Até 8500,00 €: 0% × valor das vendas

Até 10 000,00 €: 0% × 8500,00 + 10% × o valor que excede os 8500,00

Até 13 500,00 €: 0% × 8500,00 + 10% × (10 000,00 – 8500,00) + 5% × o valor que excede os 10 000,00

MAPA DE REMUNERAÇÕES
ATIVIDADE: Importação e Comércio...

No Mês:		N.º de dias trabalhados no mês	Remunerações ilíquidas					Subsídio refeição (vales de refeição/valor isento = 7,63€)			
	Pessoal	Admissão	Vencimento base	Vencimento base do mês	«Prémio de vendas»	Isenção Horário Trabalho	Ajuste custo (isentas IRS/ Segurança Social)	N.º dias	Valor/dia	Valor	Valor sujeito (Segurança Social/IRS)
	1. Gerência										
	Gerente A		1000,00	1000,00							
	Gerente B		0,00	0,00							
	Subtotal		**1000,00**	**1000,00**	0,00	0,00	0,00	0,00	0,00	0,00	0,00
	2. Departamento administrativo e logística – (Sede)										
	Responsável logística/armazém		1100,00	1.100,00		237,98		20	7,00	140,00	0,00
	Assistente administrativa		1000,00	1.000,00				20	7,00	140,00	0,00
	Operador de logística/motorista de ligeiros		950,00	950,00			126,00	8	7,00	56,00	0,00
	Subtotal		**3050,00**	**3050,00**	0,00	237,98	126,00	48	21,00	**336,00**	**0,00**
Vendas – Loja A	**3. Loja A (Zona Norte)**										
11 100,00 €	Responsável de loja		1000,00	1000,00	205,00			20	7,00	140,00	0,00
	Subtotal		**1000,00**	**1000,00**	**205,00**	**0,00**	**0,00**	20	7,00	140,00	0,00
Vendas – Loja B	**4. Loja B (Zona Centro)**										
9100,00 €	Responsável de loja		1000,00	1000,00	60,00			20	7,00	140,00	0,00
	Subtotal		**1000,00**	**1000,00**	**60,00**	**0,00**	**0,00**	20	7,00	140,00	0,00
Vendas – Loja C	**5. Loja C (Zona Sul)**										
12 200,00 €	Responsável de loja		1000,00	1000,00	260,00			20	7,00	140,00	0,00
	Estagiária (jovem em férias escolares)	21,0	306,83	306,83				15	7,00	105,00	0,00
	Subtotal		**1306,83**	**1306,83**	**260,00**	**0,00**	**0,00**	35	14,00	245,00	0,00
	6. Total (2 + 3 + 4 + 5)		**6356,83**	**6356,83**	**525,00**	**237,98**	**126,00**	123	49,00	861,00	0,00
	7. TOTAL (1 + 6)		**7356,83**	**7356,83**	**525,00**	**237,98**	**126,00**	123	49,00	861,00	0,00

MAPA DE REMUNERAÇÕES

ATIVIDADE: Importação e Comércio ...

(Valores em euros)

No mês:	Pessoal	Encargos s/ os vencimentos					Remunerações ilíquidas sujeitas (Segurança Social/IRS)	Remunerações ilíquidas n/ sujeitas (Segurança Social/IRS)	Total Remunerações ilíquidas	Descontos		Remunerações líquidas
		P/ Conta da entidade patronal		P/ conta do pessoal						P/ Segurança Social	IRS retido	
		Segurança Social		Segurança Social		Ret. Imposto s/ Rend. Trab. Dep. (IRS)						
		Base incidência contribuições	Valor das contribuições	Base incidência Contribuições	Valor das quotizações							
	1. Gerência											
	Gerente A	1000,00	237,50	1000,00	110,00	78,00	**1000,00**	**0,00**	**1000,00**	**110,00**	**78,00**	**812,00**
	Gerente B											
	Subtotal	**1000,00**	**237,50**	**1000,00**	**110,00**	**78,00**	**1000,00**	**0,00**	**1000,00**	**110,00**	**78,00**	**812,00**
	2. Departamento administrativo e logística - (Sede)											
	Responsável logística/armazém	1337,98	317,77	1337,98	147,18	204,71	**1337,98**	**140,00**	**1477,98**	**147,18**	**204,71**	**1126,09**
	Assistente administrativa	1000,00	237,50	1000,00	110,00	86,00	**1000,00**	**140,00**	**1140,00**	**110,00**	**86,00**	**944,00**
	Operador de logística/motorista de ligeiros	950,00	225,63	950,00	104,50	81,70	**950,00**	**182,00**	**1132,00**	**104,50**	**81,70**	**945,80**
	Subtotal	**3287,98**	**780,90**	**3287,98**	**361,68**	**372,41**	**3287,98**	**462,00**	**3749,98**	**361,68**	**372,41**	**3015,89**
Vendas - Loja A	**3. Loja A (Zona Norte)**											
11 100,00 €	Responsável de loja	1205,00	286,19	1205,00	132,55	142,19	**1205,00**	**140,00**	**1345,00**	**132,55**	**142,19**	**1070,26**
	Subtotal	**1205,00**	**286,19**	**1205,00**	**132,55**	**142,19**	**1205,00**	**140,00**	**1345,00**	**132,55**	**142,19**	**1070,26**
Vendas - Loja B	**4. Loja B (Zona Centro)**											
9100,00 €	Responsável de loja	1060,00	251,75	1060,00	116,60	85,86	**1060,00**	**140,00**	**1200,00**	**116,60**	**85,86**	**997,54**
	Subtotal	**1060,00**	**251,75**	**1060,00**	**116,60**	**85,86**	**1060,00**	**140,00**	**1200,00**	**116,60**	**85,86**	**997,54**
Vendas - Loja C	**5. Loja C (Zona Sul)**											
12 200,00 €	Responsável de loja	1260,00	299,25	1260,00	138,60	181,44	**1260,00**	**140,00**	**1400,00**	**138,60**	**181,44**	**1079,96**
	Estagiária (jovem em férias escolares)	306,83	80,08	0,00	0,00	0,00	**306,83**	**105,00**	**411,83**	**0,00**	**0,00**	**411,83**
	Subtotal	**1566,83**	**379,33**	**1260,00**	**138,60**	**181,44**	**1566,83**	**245,00**	**1811,83**	**138,60**	**181,44**	**1491,79**
	6. Total (2 + 3 + 4 + 5)	**7119,81**	**1698,17**	**6812,98**	**749,43**	**781,90**	**7119,81**	**987,00**	**8106,81**	**749,83**	**781,90**	**6575,48**
	7. TOTAL (1 + 6)	**8119,81**	**1935,67**	**7812,98**	**859,43**	**859,90**	**8119,81**	**987,00**	**9106,81**	**859,43**	**859,90**	**7387,48**

CASO PRÁTICO 3

Informações Relevantes

Mês com 30 dias (mês de junho do ano X)
Mês com 22 dias úteis

- O Operador A4 esteve de férias a partir do 14.º dia do mês em processamento, inclusive;
- O Operador A10 esteve de férias até ao 10.º dia do mês em processamento, inclusive;
- O Controlador de qualidade C esteve de férias a partir do 25.º dia do mês, inclusive;
- O Operador A12 cessou o seu contrato de trabalho sem termo, por sua denúncia, cumpridas que foram as formalidades exigidas por lei, tendo ficado, no término do contrato, ainda com oito dias de férias por gozar.
- O Operador B7 cessou o seu contrato de trabalho a termo certo, decorrente de declaração da empresa, tendo gozado todos os dias de férias a que tinha direito.
- Como previsto no contrato coletivo de trabalho em vigor para o setor de atividade da empresa, ao final de dois anos de antiguidade é paga uma diuturnidade de 20,00€ mensais a todos os «operadores» da empresa, acrescendo uma diuturnidade de dois em dois anos, até perfazer quatro diuturnidades.
- Os Operadores A3, A8, A11, B4, B6, B15, C1, C8 e C12 irão entrar em gozo de férias no próximo mês e gozarão a quase totalidade dos dias de férias a que têm direito à data (férias cujo direito se venceu a1 de janeiro do ano em questão). Os respetivos subsídios serão processados e pagos no presente mês.
- O Responsável de Tesouraria é Pensionista de Velhice em Atividade, casado (2 titulares), sem filhos.
- As secções A e B funcionaram, no mês em questão, em regime de dois turnos, de que apenas um é total ou parcialmente noturno. Para este regime é aplicado o seguinte critério para o cálculo do Subsídio de Turno = 15% × (Remuneração Base + Diuturnidades)
- Os operadores estão filiados num sindicato, sendo o valor das quotas sindicais — a deduzir nos respetivos vencimentos — calculado da seguinte forma:

Quota sindical = 1% × (Ordenado base + Diuturnidades)

- Por uma questão de simplificação, consideramos que, para efeitos de enquadramento em IRS, a situação pessoal e familiar dos colaboradores da empresa é a seguinte:

Administração:
– Casado; 1 titular; 2 dependentes
Departamento administrativo-financeiro:
– Casado; 2 titulares; 1 dependente
Departamento comercial:
– Não casado; 1 dependente
Produção:
– Casados; 2 titulares; 2 dependentes
Departamento de controlo de qualidade:
– Casados; 2 titulares; 1 dependente
Embalagem e expedição:
– Não casado; 0 dependentes

CÁLCULO DOS CRÉDITOS LABORAIS

Operador A12

- Tipo de contrato de trabalho: Sem termo

Remunerações:

- Vencimento base: 780,00 €
- Diuturnidades: 20,00 €
- Subsídio de turno: 44,00 €

(Média dos últimos 12 meses)

→ oito dias (úteis) de férias por gozar

- Subsídio de férias (oito dias úteis ainda não pagos, vencidos a 1 de janeiro do ano em questão).

Cálculos

Retribuição referente ao n.º de dias úteis de férias não gozadas

8 dia úteis de férias

= (780,00 + 20,00 + 44,00) /22 * 8

= **306,91€**

Subsídio dessas férias

= **306,91€**

Parte proporcional de férias

N.º de dias decorridos desde 1 de janeiro do ano da cessação do contrato de trabalho até à data da cessação:

= 31 + 28 + 31 + 30 + 31 + 26

= 177 dias

(780,00 + 20,00 + 44,00) / 365 * 177

= **409,28€**

Parte proporcional do subsídio de férias

Os mesmos cálculos efetuados para a P.P. de férias

= **409,28€**

Parte proporcional do Subsídio de Natal

= [(780,00 + 20,00) / 365] * 177

= **387,95€**

Operador B7

- Tipo de contrato de trabalho: Termo certo
- Duração do contrato de trabalho: 18 meses
- Início do contrato: 01/01/X-1
- Fim do contrato: 30/06/X

Remunerações:

- Vencimento base: 800,00 €
- Diuturnidades: 40,00 €
- Subsídio de turno: 61,60 €

(Média dos últimos 12 meses)

No ano X-1: Gozou 20 dias úteis de férias (Após 01/07/X-1)

No ano X: Gozou 13 dias úteis de férias

Cálculos

Subsídio de férias

(22 dias úteis / 12 meses) * 18 meses

= 33 dias úteis

[(800,00 + 40,00 + 61,60) / 22 dias úteis] * 33 dias úteis

= **1352,40€**

Parte proporcional de férias

= **450,80€**

Parte proporcional do subsídio de férias

Os mesmos cálculos efetuados para a P.P. de férias

= **450,80€**

Parte proporcional do subsídio de Natal

= [(800,00 + 40,00) /12] * 6

Compensação (art.º 344.º do CT)

[(800,00 + 40,00) / 30] * 24 * 1

= **672,00€**

MAPA DE REMUNERAÇÕES

Fabrico de...

Pessoal	N.º de dias trabalhados no mês			Remunerações ilíquidas												
						Vencimento base do mês	Diuturnidades do mês		Subsídio turno (Média últimos 12 meses)	Trabalho noturno			Subsídio refeição (vales de refeição/valor isento = 7,63€)			
	Admissão	«Baixa médica»	Demissão	Vencimento base	Diuturnidades			Subsídio turno		N.º horas	Valor	Isenção Horário Trab.	N.º dias	Valor/dia	Valor	Valor sujeito (Segurança Social/IRS)
1. Administração																
Administrador A				4500,00		4500,00						1168,27				
Administrador B				4500,00		4500,00						1168,27				
Subtotal				**9000,00**	**0,00**	**9000,00**	**0,00**	**0,00**	**0,00**	**0,0**	**0,00**	**2336,54**	**0,00**	**0,00**	**0,00**	**0,00**
2. Departamento administrativo-financeiro																
Diretor administrativo-financeiro				3750,00		3750,00						973,56				
Contabilista (CC)				1800,00		1800,00							22	8,00	176,00	8,14
Técnico de contabilidade				1100,00		1100,00							22	8,00	176,00	8,14
Responsável Tesouraria				1250,00		1250,00							22	8,00	176,00	8,14
Assistente administrativo A				1000,00		1000,00							22	8,00	176,00	8,14
Assistente administrativo B				1000,00		1000,00							22	8,00	176,00	8,14
Subtotal				**9900,00**	**0,00**	**9900,00**	**0,00**	**0,00**	**0,00**	**0,0**	**0,00**	**973,56**	**110,00**	**40,00**	**880,00**	**40,70**
3. Departamento comercial																
Diretor comercial				3750,00		3750,00						973,56				
responsável exportação p/ a Europa				2200,00		2200,00							22	8,00	176,00	8,14
Assistente administrativo-comercial A				1150,00		1150,00							22	8,00	176,00	8,14
Assistente administrativo-comercial B				1150,00		1150,00							22	8,00	176,00	8,14

Pessoal	N.º de dias trabalhados no mês: Admissão	N.º de dias trabalhados no mês: «Baixa médica»	N.º de dias trabalhados no mês: Demissão	Remunerações ilíquidas: Vencimento base	Diuturnidades	Vencimento base do mês	Diuturnidades do mês	Subsídio turno	Subsídio turno (Média últimos 12 meses)	Trabalho noturno: N.º horas	Trabalho noturno: Valor	Isenção Horário Trab.	Subsídio refeição (vales de refeição/valor isento = 7,63€): N.º dias	Valor/dia	Valor	Valor sujeito (Segurança Social/IRS)
Responsável exportação p/ a América do Norte				2200,00		2200,00							22	8,00	176,00	8,14
Assistente administrativo-comercial C				1150,00		1150,00							22	8,00	176,00	8,14
Assistente administrativo-comercial D				1150,00		1150,00							22	8,00	176,00	8,14
Responsável exportação p/ a América do Sul				2200,00		2200,00							22	8,00	176,00	8,14
Assistente administrativo-comercial E				1150,00		1150,00							22	8,00	176,00	8,14
Assistente administrativo-comercial F				1150,00		1150,00							22	8,00	176,00	8,14
Subtotal				**17 250,00**	**0,00**	**17 250,00**	**0,00**	**0,00**	**0,00**	**0,0**	**0,00**	**973,56**	**198,00**	**72,00**	**1584,00**	**73,26**
4. Produção																
Diretor de produção				3750,00		3 750,00						973,56				
Chefe de secção A				2050,00		2050,00										
Operador A1				780,00	40,00	780,00	40,00	123,00								
Operador A2				780,00	0,00	780,00	0,00	117,00								
Operador A3				780,00	20,00	780,00	20,00	120,00	30,00							
Operador A4				780,00	20,00	780,00	20,00	120,00								
Operador A5				780,00	60,00	780,00	60,00	126,00								
Operador A6	17,0			780,00	0,00	442,00	0,00									
Operador A7				780,00	20,00	780,00	20,00	120,00								
Operador A8				780,00	60,00	780,00	60,00	126,00	52,50							
Operador A9				780,00	0,00	780,00	0,00	117,00								
Operador A10				780,00	40,00	780,00	40,00	123,00								
Operador A11				780,00	80,00	780,00	80,00	129,00	32,25							
Operador A12			26,0	780,00	20,00	676,00	17,33									

MAPA DE REMUNERAÇÕES

Pessoal	Remunerações ilíquidas – Abono para falhas – Valor atribuído	Abono para falhas – Valor sujeito (Segurança Social/IRS)	Compens. Desloc. Viat. Própria – Kms percorridos	Compens. Desloc. Viat. Própria – Valor (0,36€/Km – isento)	Subsídio férias	Retribuição férias n/ gozadas	P.P. férias	P.P. Subsídio férias	P.P. Subsídio Natal	Compensação (Art.º 344.º do CT)
1. Administração										
Administrador A										
Administrador B										
Subtotal	**0**	**0**		**0,00**	**0,00**					
2. Departamento administrativo-financeiro										
Diretor administrativo-financeiro										
Contabilista (CC)										
Técnico de contabilidade										
Responsável tesouraria										
Assistente administrativo A	65,00	15,00								
Assistente administrativo B	65,00	15,00								
Subtotal	**130,00**	**30,00**		**0,00**	**0,00**					
3. Departamento comercial										
Diretor comercial										
Responsável exportação p/ a Europa										
Assistente administrativo-comercial A										
Assistente administrativo-comercial B										
Responsável exportação p/ a América do Norte										
Assistente administrativo-comercial C										
Assistente administrativo-comercial D										
Responsável exportação p/ a América do Sul										
Assistente administrativo-comercial E										
Assistente administrativo-comercial F										
Subtotal	**0,00**	**0,00**		**0,00**	**0,00**					
4. Produção										
Diretor de produção										
Chefe de secção A										
Operador A1										
Operador A2										
Operador A3					830,00					
Operador A4										
Operador A5										
Operador A6										
Operador A7										
Operador A8					892,50					
Operador A9										
Operador A10										
Operador A11					892,25					
Operador A12					306,91	306,91	409,28	409,28	387,95	

MAPA DE REMUNERAÇÕES

Pessoal	Encargos s/ os vencimentos								Remunerações ilíquidas sujeitas (Segurança Social/ IRS)	Remunerações ilíquidas n/ sujeitas (Segurança Social/ IRS)	Total remunerações ilíquidas	Descontos			Remunerações líquidas
	P/ conta da entidade patronal		P/ conta do pessoal												
	Segurança Social		Segurança Social		Retenção Imposto s/ Rend.Trab. Depend. (IRS)										
	Base incidência contribuições	Valor das contribuições	Base incidência contribuições	Valor das quotizações	Retenção IRS	IRS subsídio férias	IRS P.P. subsídio férias	IRS P.P. subsídio Natal				P/ Segurança Social	IRS Retido	Sindicato	
1. Administração															
Administrador A	5668,27	1346,21	5668,27	623,51	1524,76				5668,27	0,00	5668,27	623,51	1524,76		3520,00
Administrador B	5668,27	1346,21	5668,27	623,51	1524,76				5668,27	0,00	5668,27	623,51	1524,76		3520,00
Subtotal	**11 336,54**	**2692,43**	**11 336,54**	**1247,02**	**3049,53**			0,00	**11 336,54**	**0,00**	**11 336,54**	**1247,02**	**3049,53**	**0,00**	**7039,99**
2. Departamento administrativo--financeiro															
Diretor administrativo-financeiro	4723,56	1121,84	4723,56	519,59	1511,54				4723,56	0,00	4723,56	519,59	1511,54		2692,43
Contabilista (CC)	1808,14	429,43	1808,14	198,90	348,97				1808,14	167,86	1976,00	198,90	348,97		1428,13
Técnico de contabilidade	1108,14	263,18	1108,14	121,90	126,33				1108,14	167,86	1276,00	121,90	126,33		1027,78
Responsável tesouraria	1258,14	206,33	1258,14	94,36	189,98				1258,14	167,86	1426,00	94,36	189,98		1141,66
Assistente administrativo A	1023,14	243,00	1023,14	112,55	97,20				1023,14	217,86	1241,00	112,55	97,20		1031,26
Assistente administrativo B	1023,14	243,00	1023,14	112,55	97,20				1023,14	217,86	1241,00	112,55	97,20		1031,26
Subtotal	**10 944,26**	**2506,79**	**10 944,26**	**1159,83**	**2371,21**			0,00	**10 944,26**	**939,30**	**11 883,56**	**1159,83**	**2371,21**	**0,00**	**8352,51**
3. Departamento comercial															
Diretor comercial	4723,56	1121,84	4723,56	519,59	1502,09				4723,56	0,00	4723,56	519,59	1502,09		2701,87
responsável exportação p/ a Europa	2208,14	524,43	2208,14	242,90	470,33				2208,14	167,86	2376,00	242,90	470,33		1662,77
Assistente administrativo-comercial A	1158,14	275,06	1158,14	127,40	136,66				1158,14	167,86	1326,00	127,40	136,66		1061,94
Assistente administrativo-comercial B	1158,14	275,06	1158,14	127,40	136,66				1158,14	167,86	1326,00	127,40	136,66		1061,94
Responsável exportação p/ a América do Norte	2701,87	524,43	2208,14	242,90	470,33				2208,14	167,86	2376,00	242,90	470,33		1662,77
Assistente administrativo-comercial C	1158,14	275,06	1158,14	127,40	136,66				1158,14	167,86	1326,00	127,40	136,66		1061,94
Assistente administrativo-comercial D	1158,14	275,06	1158,14	127,40	136,66				1158,14	167,86	1326,00	127,40	136,66		1061,94
Responsável exportação p/ a América do Sul	2208,14	524,43	2208,14	242,90	470,33				2208,14	167,86	2376,00	242,90	470,33		1662,77
Assistente administrativo-comercial E	1158,14	275,06	1158,14	127,40	136,66				1158,14	167,86	1326,00	127,40	136,66		1061,94
Assistente administrativo-comercial F	1158,14	275,06	1158,14	127,40	136,66				1158,14	167,86	1326,00	127,40	136,66		1061,94
Subtotal	**18 296,82**	**4345,49**	**18 296,82**	**2012,65**	**3733,06**			0,00	**18 296,82**	**1510,74**	**19 807,56**	**2012,65**	**3733,06**	**0,00**	**14 061,85**
4. Produção															
Diretor de produção	4723,56	1121,84	4723,56	519,59	1492,64				4723,56	0,00	4723,56	519,59	1492,64		2711,32
Chefe de secção A	2050,00	486,88	2050,00	225,50	401,80				2050,00	0,00	2050,00	225,50	401,80		1422,70
Operador A1	943,00	223,96	943,00	103,73	73,55				943,00	0,00	943,00	103,73	73,55	8,20	757,52
Operador A2	897,00	213,04	897,00	98,67	58,31				897,00	0,00	897,00	98,67	58,31	7,80	732,23
Operador A3	1750,00	415,63	1750,00	192,50	308,00	53,95			1750,00	0,00	1750,00	192,50	361,95	8,00	1187,55
Operador A4	920,00	218,50	920,00	101,20	59,80				920,00	0,00	920,00	101,20	59,80	8,00	751,00
Operador A5	966,00	229,43	966,00	106,26	75,35				966,00	0,00	966,00	106,26	75,35	8,40	775,99
Operador A6	442,00	104,98	442,00	48,62	0,00				442,00	0,00	442,00	48,62	0,00	4,42	388,96
Operador A7	920,00	218,50	920,00	101,20	59,80				920,00	0,00	920,00	101,20	59,80	8,00	751,00
Operador A8	1858,50	441,39	1858,50	204,44	327,10	58,01			1858,50	0,00	1858,50	204,44	385,11	8,40	1260,56
Operador A9	897,00	213,04	897,00	98,67	58,31				897,00	0,00	897,00	98,67	58,31	7,80	732,23
Operador A10	943,00	223,96	943,00	103,73	73,55				943,00	0,00	943,00	103,73	73,55	8,20	757,52
Operador A11	1881,25	446,80	1881,25	206,94	331,10	58,00			1881,25	0,00	1881,25	206,94	389,10	8,60	1276,62
Operador A12	2513,66	597,00	2513,66	276,50	191,70	0,00	0,00	0,00	2513,66	0,00	2513,66	276,50	191,70	6,93	2038,53

MAPA DE REMUNERAÇÕES
Fabrico de...

Pessoal	N.º de dias trabalhados no mês – Admissão	N.º de dias trabalhados no mês – «Baixa médica»	N.º de dias trabalhados no mês – Demissão	Remunerações ilíquidas – Vencimento base	Diuturnidades	Vencimento base do mês	Diuturnidades do mês	Subsídio turno	Subsídio turno (Média últimos 12 meses)	Trabalho noturno – N.º horas	Trabalho noturno – Valor	Isenção Horário Trab.	Subsídio refeição (vales de refeição/valor isento = 7,63€) – N.º dias	Valor/dia	Valor	Valor sujeito (Segurança Social/IRS)
Chefe de secção B				2050,00		2050,00	0,00									
Operador B1				800,00	80,00	800,00	80,00	132,00								
Operador B2				800,00	0,00	800,00	0,00	120,00								
Operador B3				800,00	20,00	800,00	20,00	123,00								
Operador B4				800,00	60,00	800,00	60,00	129,00	43,00							
Operador B5				800,00	40,00	800,00	40,00	126,00								
Operador B6	21,0			800,00	80,00	560,00	56,00		44,00							
Operador B7			30,0	800,00	40,00	800,00	40,00	126,00								
Operador B8				800,00	40,00	800,00	40,00	126,00								
Operador B9				800,00	0,00	800,00	0,00	120,00								
Operador B10				800,00	40,00	800,00	40,00	126,00								
Operador B11				800,00	0,00	800,00	0,00	120,00								
Operador B12				800,00	60,00	800,00	60,00	129,00								
Operador B13				800,00	20,00	800,00	20,00	123,00								
Operador B14				800,00	80,00	800,00	80,00	132,00								
Operador B15				800,00	60,00	800,00	60,00	129,00	21,50							
Operador B16				800,00	20,00	800,00	20,00	123,00								
Operador B17				800,00	40,00	800,00	40,00	126,00								
Operador B18				800,00	0,00	800,00	0,00	120,00								
Chefe de secção C				2050,00		2050,00	0,00									
Operador C1				780,00	80,00	780,00	80,00									
Operador C2				780,00	40,00	780,00	40,00									
Operador C3				780,00	20,00	780,00	20,00									
Operador C4				780,00	40,00	780,00	40,00									
Operador C5				780,00	60,00	780,00	60,00									
Operador C6		5,0		780,00	20,00	130,00	3,33									

Pessoal	N.º de dias trabalhados no mês: Admissão	N.º de dias trabalhados no mês: «Baixa médica»	N.º de dias trabalhados no mês: Demissão	Remunerações ilíquidas: Vencimento base	Diuturnidades	Vencimento base do mês	Diuturnidades do mês	Subsídio turno	Subsídio turno (Média últimos 12 meses)	Trabalho noturno: N.º horas	Trabalho noturno: Valor	Isenção Horário Trab.	Subsídio refeição (vales de refeição/valor isento = 7,63€): N.º dias	Valor/dia	Valor	Valor sujeito (Segurança Social/IRS)
Operador C7				780,00	40,00	780,00	40,00									
Operador C8				780,00	80,00	780,00	80,00									
Operador C9				780,00	40,00	780,00	40,00									
Operador C10				780,00	0,00	780,00	0,00									
Operador C11				780,00	20,00	780,00	20,00									
Operador C12				780,00	40,00	780,00	40,00									
Operador C13				780,00	80,00	780,00	80,00									
Operador C14				780,00	20,00	780,00	20,00									
Operador C15				780,00	60,00	780,00	60,00									
Subtotal				**45 360,00**	**1680,00**	**44 028,00**	**1636,67**	**3351,00**	**223,25**	**0,0**	**0,00**	**973,56**	**0,00**	**0,00**	**0,00**	**0,00**
5. Departamento de controlo de qualidade																
Responsável de departamento				2050,00		2050,00										
Controlador de qualidade A				1750,00		1750,00							22	8,00	176,00	8,14
Controlador de qualidade B				1750,00		1750,00							22	8,00	176,00	8,14
Controlador de qualidade C				1750,00		1750,00							22	8,00	176,00	8,14
Controlador de qualidade D				1750,00		1750,00							22	8,00	176,00	8,14
Controlador de qualidade E				1750,00		1750,00							22	8,00	176,00	8,14
Subtotal				**10 800,00**	**0,00**	**10 800,00**	**0,00**	**0,00**	**0,00**	**0,0**	**0,00**	**0,00**	**110,00**	**40,00**	**880,00**	**40,70**
6. Embalagem e expedição																
Responsável de departamento				2050,00		2050,00							22	8,00	176,00	8,14
Assistente administrativo armazém				1000,00		1000,00	0,00						22	8,00	176,00	8,14
Operador de embalamento A				800,00	20,00	800,00	20,00			22,0	26,02		22	8,00	176,00	8,14
Operador de embalamento B				800,00	0,00	800,00	0,00						22	8,00	176,00	8,14
Operador de embalamento C				800,00	80,00	800,00	80,00			44,0	55,85		22	8,00	176,00	8,14
Operador de embalamento D				800,00	40,00	800,00	40,00						22	8,00	176,00	8,14
Operador de empilhador/carregador				850,00	60,00	850,00	60,00						22	8,00	176,00	8,14
Subtotal				**7100,00**	**200,00**	**7100,00**	**200,00**	**0,00**	**0,00**	**66,0**	**81,87**	**0,00**	**154,00**	**56,00**	**1232,00**	**56,98**
7. Total (2 + 3 + 4 + 5 + 6)				**90 410,00**	**1880,00**	**89 078,00**	**1836,67**	**3351,00**	**223,25**	**66,0**	**81,87**	**2920,67**	**572,00**	**208,00**	**4576,00**	**211,64**
8. TOTAL (1 + 7)				**99 410,00**	**1880,00**	**98 078,00**	**1836,67**	**3351,00**	**223,25**	**66,0**	**81,87**	**5257,21**	**572,00**	**208,00**	**4576,00**	**211,64**

MAPA DE REMUNERAÇÕES

Pessoal	Abono para falhas		Compens. Desloc. Viat. Própria		Subsídio férias	Retribuição férias n/ gozadas	P.P. férias	P.P. Subsídio férias	P.P. Subsídio Natal	Compensação (Art.º 344.º do CT)
	Valor atribuído	Valor sujeito (Segurança Social/IRS)	Kms percorridos	Valor (0,36€/ Km – Isento)						
Chefe de secção B										
Operador B1										
Operador B2										
Operador B3										
Operador B4					903,00					
Operador B5										
Operador B6					924,00					
Operador B7					1352,40	0,00	450,80	450,80	420,00	672,00
Operador B8										
Operador B9										
Operador B10										
Operador B11										
Operador B12										
Operador B13										
Operador B14										
Operador B15					881,50					
Operador B16										
Operador B17										
Operador B18										
Chefe de secção C										
Operador C1					860,00					
Operador C2										
Operador C3										
Operador C4										
Operador C5										
Operador C6										
Operador C7										
Operador C8					860,00					
Operador C9										
Operador C10										

Pessoal	Abono para falhas		Compens. Desloc. Viat. Própria		Subsídio férias	Retribuição férias n/ gozadas	P.P. férias	P.P. Subsídio férias	P.P. Subsídio Natal	Compensação (Art.º 344.º do CT)
	Valor atribuído	Valor sujeito (Segurança Social/IRS)	Kms percorridos	Valor (0,36€/Km – Isento)						
Operador C11										
Operador C12					820,00					
Operador C13										
Operador C14										
Operador C15										
Subtotal	**0,00**	**0,00**		**0,00**	**9522,56**					
5. Departamento de controlo de qualidade										
Responsável de departamento										
Controlador de qualidade A										
Controlador de qualidade B			230,0	82,80						
Controlador de qualidade C										
Controlador de qualidade D			185,0	66,60						
Controlador de qualidade E										
Subtotal	**0,00**	**0,00**		**149,40**	**0,00**					
6. Embalagem e expedição										
Responsável de departamento										
Assistente administrativo armazém										
Operador de embalamento A										
Operador de embalamento B										
Operador de embalamento C										
Operador de embalamento D										
Operador de empilhador/carregador										
Subtotal	**0,00**	**0,00**		**0,00**	**0,00**					
6. Total (2 + 3 + 4 + 5 + 6)	**130,00**	**30,00**		**149,40**	**9522,56**					
7. TOTAL (1 + 6)	**130,00**	**30,00**		**149,40**	**9522,56**					

MAPA DE REMUNERAÇÕES

Pessoal	Encargos s/ os vencimentos — P/ conta da entidade patronal — Segurança Social — Base incidência contribuições	Valor das contribuições	P/ conta do pessoal — Segurança Social — Base incidência contribuições	Valor das quotizações	Retenção Imposto s/ Rend.Trab. Depend. (IRS) — Retenção IRS	IRS subsídio férias	IRS P.P. subsídio férias	IRS P.P. subsídio Natal	Remunerações ilíquidas sujeitas (Segurança Social/ IRS)	Remunerações ilíquidas n/ sujeitas (Segurança Social/ IRS)	Total remunerações ilíquidas	Descontos — P/ Segurança Social	IRS retido	Sindicato	Remunerações líquidas
Chefe de secção B	2050,00	486,88	2050,00	225,50	401,80				**2050,00**	**0,00**	**2050,00**	**225,50**	**401,80**		**1422,70**
Operador B1	1012,00	240,35	1012,00	111,32	78,94				**1012,00**	**0,00**	**1012,00**	**111,32**	**78,94**	**8,80**	**812,94**
Operador B2	920,00	218,50	920,00	101,20	59,80				**920,00**	**0,00**	**920,00**	**101,20**	**59,80**	**8,00**	**751,00**
Operador B3	943,00	223,96	943,00	103,73	73,55				**943,00**	**0,00**	**943,00**	**103,73**	**73,55**	**8,20**	**757,52**
Operador B4	1892,00	449,35	1892,00	208,12	350,02	58,70			**1892,00**	**0,00**	**1892,00**	**208,12**	**408,72**	**8,60**	**1266,57**
Operador B5	966,00	229,43	966,00	106,26	75,35				**966,00**	**0,00**	**966,00**	**106,26**	**75,35**	**8,40**	**775,99**
Operador B6	1540,00	365,75	1540,00	169,40	224,84	60,06			**1540,00**	**0,00**	**1540,00**	**169,40**	**284,90**	**6,16**	**1079,54**
Operador B7	4144,00	984,20	4144,00	455,84	355,35	183,93	0,00	0,00	**4144,00**	**0,00**	**4144,00**	**455,84**	**539,27**	**8,40**	**3140,49**
Operador B8	966,00	229,43	966,00	106,26	75,35				**966,00**	**0,00**	**966,00**	**106,26**	**75,35**	**8,40**	**775,99**
Operador B9	920,00	218,50	920,00	101,20	59,80				**920,00**	**0,00**	**920,00**	**101,20**	**59,80**	**8,00**	**751,00**
Operador B10	966,00	229,43	966,00	106,26	75,35				**966,00**	**0,00**	**966,00**	**106,26**	**75,35**	**8,40**	**775,99**
Operador B11	920,00	218,50	920,00	101,20	59,80				**920,00**	**0,00**	**920,00**	**101,20**	**59,80**	**8,00**	**751,00**
Operador B12	989,00	234,89	989,00	108,79	77,14				**989,00**	**0,00**	**989,00**	**108,79**	**77,14**	**8,60**	**794,47**
Operador B13	943,00	223,96	943,00	103,73	73,55				**943,00**	**0,00**	**943,00**	**103,73**	**73,55**	**8,20**	**757,52**
Operador B14	1012,00	240,35	1012,00	111,32	78,94				**1012,00**	**0,00**	**1012,00**	**111,32**	**78,94**	**8,80**	**812,94**
Operador B15	1870,50	444,24	1870,50	205,76	329,21	57,30			**1870,50**	**0,00**	**1870,50**	**205,76**	**386,51**	**8,60**	**1269,64**
Operador B16	943,00	223,96	943,00	103,73	73,55				**943,00**	**0,00**	**943,00**	**103,73**	**73,55**	**8,20**	**757,52**
Operador B17	966,00	229,43	966,00	106,26	75,35				**966,00**	**0,00**	**966,00**	**106,26**	**75,35**	**8,40**	**775,99**
Operador B18	920,00	218,50	920,00	101,20	59,80				**920,00**	**0,00**	**920,00**	**101,20**	**59,80**	**8,00**	**751,00**
Chefe de secção C	2050,00	486,88	2050,00	225,50	401,80				**2050,00**	**0,00**	**2050,00**	**225,50**	**401,80**		**1422,70**
Operador C1	1720,00	408,50	1720,00	189,20	276,92	55,90			**1720,00**	**0,00**	**1720,00**	**189,20**	**332,82**	**8,60**	**1189,38**
Operador C2	820,00	194,75	820,00	90,20	27,88				**820,00**	**0,00**	**820,00**	**90,20**	**27,88**	**8,20**	**693,72**
Operador C3	800,00	190,00	800,00	88,00	27,20				**800,00**	**0,00**	**800,00**	**88,00**	**27,20**	**8,00**	**676,80**
Operador C4	820,00	194,75	820,00	90,20	27,88				**820,00**	**0,00**	**820,00**	**90,20**	**27,88**	**8,20**	**693,72**
Operador C5	840,00	199,50	840,00	92,40	54,60				**840,00**	**0,00**	**840,00**	**92,40**	**54,60**	**8,40**	**684,60**
Operador C6	133,33	31,67	133,33	14,67	0,00				**133,33**	**0,00**	**133,33**	**14,67**	**0,00**	**1,33**	**117,33**
Operador C7	820,00	194,75	820,00	90,20	27,88				**820,00**	**0,00**	**820,00**	**90,20**	**27,88**	**8,20**	**693,72**

Pessoal	Encargos s/ os vencimentos								Remunerações ilíquidas sujeitas (Segurança Social/ IRS)	Remunerações ilíquidas n/ sujeitas (Segurança Social/ IRS)	Total remunerações ilíquidas	Descontos			Remunerações líquidas
	P/ conta da entidade patronal		P/ conta do pessoal									P/ Segurança Social	IRS retido	Sindicato	
	Segurança Social		Segurança Social		Retenção Imposto s/ Rend.Trab. Depend. (IRS)										
	Base incidência contribuições	**Valor das contribuições**	**Base incidência contribuições**	**Valor das quotizações**	Retenção IRS	IRS subsídio férias	IRS P.P. subsídio férias	IRS P.P. subsídio Natal							
Operador C8	1720,00	408,50	1720,00	189,20	276,92	55,90			1720,00	0,00	1720,00	189,20	332,82	8,60	1189,38
Operador C9	820,00	194,75	820,00	90,20	27,88				820,00	0,00	820,00	90,20	27,88	8,20	693,72
Operador C10	780,00	185,25	780,00	85,80	26,52				780,00	0,00	780,00	85,80	26,52	7,80	659,88
Operador C11	800,00	190,00	800,00	88,00	27,20				800,00	0,00	800,00	88,00	27,20	8,00	676,80
Operador C12	1640,00	389,50	1640,00	180,40	264,04	27,88			1640,00	0,00	1640,00	180,40	291,92	8,20	1159,48
Operador C13	860,00	204,25	860,00	94,60	55,90				860,00	0,00	860,00	94,60	55,90	8,60	700,90
Operador C14	800,00	190,00	800,00	88,00	27,20				800,00	0,00	800,00	88,00	27,20	8,00	676,80
Operador C15	840,00	199,50	840,00	92,40	54,60				840,00	0,00	840,00	92,40	54,60	8,40	684,60
Subtotal	**63 018,80**	**14 966,97**	**63 018,80**	**6932,07**	**7803,99**			**0,00**	**63 018,80**	**0,00**	**63 018,80**	**6932,07**	**8473,60**	**357,65**	**47 255,49**
5. Departamento de controlo de qualidade															
Responsável de departamento	2050,00	486,88	2050,00	225,50	438,70				2050,00	0,00	2050,00	225,50	438,70		1385,80
Controlador de qualidade A	1758,14	417,56	1758,14	193,40	339,32				1758,14	167,86	1926,00	193,40	339,32		1393,28
Controlador de qualidade B	1758,14	417,56	1758,14	193,40	339,32				1758,14	167,86	1926,00	193,40	339,32		1393,28
Controlador de qualidade C	1758,14	417,56	1758,14	193,40	339,32				1758,14	167,86	1926,00	193,40	339,32		1393,28
Controlador de qualidade D	1758,14	417,56	1758,14	193,40	339,32				1758,14	167,86	1926,00	193,40	339,32		1393,28
Controlador de qualidade E	1758,14	417,56	1758,14	193,40	339,32				1758,14	167,86	1.926,00	193,40	339,32		1393,28
Subtotal	**10 840,70**	**2574,67**	**10 840,70**	**1192,48**	**2135,31**			**0,00**	**10 840,70**	**839,30**	**11 680,00**	**1192,48**	**2135,31**	**0,00**	**8352,22**
6. Embalagem e expedição									0,00	0,00	0,00	0,00	0,00		0,00
Responsável de departamento	2058,14	488,81	2058,14	226,40	450,73				2058,14	167,86	2226,00	226,40	450,73		1548,87
Assistente administrativo armazém	1008,14	239,43	1008,14	110,90	113,92				1008,14	167,86	1176,00	110,90	113,92		951,18
Operador de embalamento A	854,16	202,86	854,16	93,96	86,27				854,16	167,86	1022,02	93,96	86,27		841,79
Operador de embalamento B	808,14	191,93	808,14	88,90	63,84				808,14	167,86	976,00	88,90	63,84		823,26
Operador de embalamento C	943,99	224,20	943,99	103,84	106,67				943,99	167,86	1111,85	103,84	106,67		901,34
Operador de embalamento D	848,14	201,43	848,14	93,30	85,66				848,14	167,86	1016,00	93,30	85,66		837,04
Operador de empilhador/carregador	918,14	218,06	918,14	101,00	92,73				918,14	167,86	1086,00	101,00	92,73		892,27
Subtotal	**7438,85**	**1766,73**	**7438,85**	**818,27**	**999,83**			**0,00**	**7438,85**	**1175,02**	**8613,87**	**818,27**	**999,83**	**0,00**	**6795,76**
7. Total (2 + 3 + 4 + 5 + 6)	**110 539,43**	**26 160,64**	**110 539,43**	**12 115,30**	**17 043,39**			**0,00**	**110 539,43**	**4464,36**	**115 003,79**	**12 115,30**	**17 713,01**	**357,65**	**84 817,83**
8. TOTAL (1 + 7)	**121 875,96**	**28 853,07**	**121 875,96**	**13 362,32**	**20 092,92**			**0,00**	**121 875,96**	**4464,36**	**126 340,32**	**13 362,32**	**20 762,54**	**357,65**	**91 857,82**